Schutzkärtchen

Praxisbuch

Judit Hildebrandt

SCHUTZKÄRTCHEN

Praxisbuch

Ansata

Ansata Verlag
Ansata ist ein Verlag der Verlagsgruppe Random House GmbH.

ISBN 978-3-7787-7440-3

Erste Auflage 2010

Redaktion: Diane Zilliges
Einbandgestaltung: Guter Punkt, München,
unter Verwendung von Kartenillustrationen von Judit Hildebrandt
Gesetzt aus der Minion bei Guter Punkt, München
Druck und Bindung: Druckerei Plenk, Berchtesgaden
Printed in Germany

INHALT

Einführung 8
Kunst und Spiritualität 10
Die Entstehung der Bilder 12
Die Schutzkärtchen 16
Die Aufteilung 18
Die Motive im Überblick 29
Die Anwendung der Karten 30

Die einzelnen Karten 37
Ananda Moyi Ma 38
Aquarian 40
Babaji 42
Blaue Madonna 44
Dhanvantari 46
Engel der Fülle 48
Engel der Heilung 50
Engel der Umwandlung 52
Engel des Sieges 54
Engelbegleiter 56
Erzengel Chamuel 58
Erzengel Gabriel 60
Erzengel Gabriel (Morgenröte) 62
Erzengel Jophiel 64

Erzengel Metatron 66
Erzengel Michael 68
Erzengel Raphael 70
Erzengel Raphael (Morgenröte) 72
Erzengel Uriel 74
Erzengel Zadkiel 76
Frühlingsgöttin 78
Goldene Madonna 80
Göttliche Liebe 82
Gralsengel 84
Grüne Tara 86
Heiliger Gral 88
Heilige Kommunion 90
Heilungsengel 92
Heilungskreuz 94
Himmlische Gabe 96
Hüter des kosmischen Gesetzes 98
Isis 100
Jesus Christus 102
Kwan Yin 104
Liebesengel 106
Madonna der Heilung 108
Maria 110
Maria (Morgenröte) 112
Maria in Blau 114

Mirabai 116
Musizierender Engel 118
Pallas Athene 120
Schutzengel 122
Seraphim 124
Tara 126
Tauben 128
Tor zum Licht 130

Berichte von Anwendern der Schutzkärtchen 132

EINFÜHRUNG

In unserer materiellen Welt durchleben wir gerade eine Zeit der intensiven Wandlung, zugleich beobachten wir ein Aufblühen großer Weisheitslehren, die den Menschen seit uralten Zeiten Vorbilder sind. Eine tief greifende Transformation führt zu einem kollektiven spirituellen Erwachen, dessen Zeuge wir gerade sind. Wir können dabei durch unseren eigenen Bewusstseinswandel viel bewirken und mithelfen, diese Veränderung auf der gesamten Erde mitzugestalten.

Botschafter wie Jesus, Buddha, Krishna, Meister aus den unsichtbaren und sichtbaren Welten, Devas sowie Erzengel und Engel begleiten uns auf diesem Weg, so wie sie die Menschheit immer schon unterstützt haben.

Viele sind heute auf der Suche, um ihr wahres Wesen in sich selbst zu finden: Sie suchen die Güte, die Liebe, die bereits in uns angelegt ist, aber nicht mit der Identität des Selbstbildes gleichgesetzt werden kann. Das Göttliche ist in uns verankert, und wenn wir uns ernsthaft hingeben und ehrlich nach dieser reinen Liebe streben, werden wir sie auch erreichen. Wir können die bekannten Religionen und Glaubensrichtungen als Grundlage nehmen, in diesen Traditionen die esoterischen Tiefen suchen und in unserem eigenen Inneren wieder entdecken. Das ist der Weg zu unserer

Verbundenheit mit dem Ganzen, für unser Einssein mit dem Ursprung, mit Gott. Auf diesem Weg wollen die Schutzkärtchen Sie unterstützen.

KUNST UND SPIRITUALITÄT

Als spirituelle Malerin und Künstlerin widme ich mein Leben vor allem der Suche nach der inneren Wahrheit und der wahren Liebe. Das ist die Liebe zu Gott und den Menschen, so wie Jesus Christus und andere Meister sie vorgelebt haben. Schon immer drängte es mich, zu erforschen, wie die geistige Welt aussieht, wie diese Kräfte zum Wohle der Menschheit wirken – in uns selbst. Mein Wissen und meine Erfahrungen versuche ich auch für mein tägliches und künstlerisches Leben zu nutzen und praktisch umzusetzen.

Ich habe in den letzten fünfundzwanzig Jahren Ausbildungen in vielen verschiedenen spirituellen Techniken absolviert, insbesondere lernte ich Visualisation, Farb- und Lichttherapie, Fernheilung und Yoga. Schon lange begleitet mich zudem die Meditation. Das Thema Heilung und Heilwerden im ganzheitlichen Sinne hat mich seit frühester Jugend stark geprägt und interessiert. All diese Erfahrungen spiegeln sich in meinem künstlerischen Werk wider, in den Bildern, in den Schutzkärtchen und auch in den Beschreibungen zu diesen Karten, die Sie in diesem Buch lesen können.

Nachdem ich vor einigen Jahren meinem Meister wiederbegegnet bin, hat sich mein spiritueller Weg in vielerlei

Hinsicht verändert. Zum einem tauchte ich in eine für mich neue Religion, den Hinduismus, ein. Zum anderen entdeckte ich die Kunst und Kultur der Orthodoxen Kirche neu. Beide Richtungen bereichern mich künstlerisch und eröffnen mir neue Wege. Ich erkenne darin die Vielfalt der Religionen und erfahre, dass alle spirituellen oder religiösen Wege letztlich verwandt sind: Sie alle führen zu Gott.

Ich konzentriere mich vor allem auf mein inneres Wissen und stärke bewusst meine Intuition. Dadurch kann ich für immer wieder neue Bilder und Visionen zu einem Kanal des Schöpferischen werden. Durch meine Arbeit verbinde ich mich mit der Göttlichen Quelle, aus der die Botschaften auf die Erde kommen. Es ist mein tiefer innerer Wunsch, durch meine Kunst viele Menschen zu erreichen, damit die geistige Welt in einer sichtbaren Form in all ihrer Schönheit und Kraft vor ihnen erscheinen kann. So werden die Bilder für andere auf eine ähnliche Art und Weise wie für mich Wegbegleiter auf dem spirituellen Pfad.

DIE ENTSTEHUNG DER BILDER

Gern erzähle ich Ihnen noch etwas mehr aus meinem Leben, das eng mit der Entstehung der Schutzkärtchen-Motive verbunden ist. So können Sie – dies ist meine Hoffnung – noch tiefer in die Welt dieser kraftvollen Bilder eintauchen.

Mit einundzwanzig begann ich eine Ausbildung als Grafikerin und Zeichnerin in München. Ich war sehr wissenshungrig, was die verschiedenen Techniken und künstlerischen Richtungen angeht. So studierte ich dann auch noch in Rom Grafik, wo ich die altmeisterliche Kupferstichtechnik erlernte. Anschließend besuchte ich die Akademie der Bildenden Künste in Rom. Nach München zurückgekehrt, arbeitete ich als freischaffende Künstlerin, Illustratorin und Designerin in verschiedenen Bereichen. 1983 begann ich, Bilder auf Seide zu malen. Ich empfand dieses Material als einzigartig, weil ich darauf die durchscheinende und ätherische Welt der Engel so gut darstellen konnte. Später habe ich mir auch die altmeisterlichen Ölmaltechniken angeeignet, die mir noch mehr künstlerische Möglichkeiten boten. Durch meine langjährigen Ausbildungen und Arbeiten habe ich mein maltechnisches und künstlerisches Wissen immer neu erweitert und gleichzeitig all das vertieft, was ich bereits in mir trug. So entstanden durch die Jahre hindurch immer häufiger spirituelle Bilder. Mein erstes Engelbild malte ich 1988, in einer Zeit, in der es nur ganz wenige zeitgenössische Engeldarstellungen gab. Ich beschäftigte mich bereits damals mit verschiedenen Meditationsformen und habe mit den Farbstrahlen und den Anweisungen der Weißen Bruderschaft gearbeitet. Da ich bereits als Künstlerin tätig war, betete ich oft darum, dass mir die Kraft gegeben werden möge, Bilder zu erschaffen, wie es sie auf dieser Welt noch nie gegeben hatte. Irgendwann entstand in einer Meditation der Wunsch, einen musizierenden Engel zu malen. Es war die Weihnachtszeit, und ich erinnerte mich, dass ich schon als Kind die Musik der Engel hören wollte. Daher ging ich davon aus, dass auch andere Menschen diesen Wunsch in sich tragen. Indem ich mich in diese Sehnsucht vertiefte, entstand mein erstes »offizielles« Engelbild: ein Engel, der musizierend vor einem Tor schwebt. Diese Darstellung sollte meinen Neuanfang symbolisieren und eine noch größere Öffnung zu den geistigen Welten bedeuten. Dem Bild folgten andere Darstellungen von Erzengeln und Engeln, die mich damals innerlich begleiteten und mir halfen, meinen Weg zu finden.

In den darauffolgenden Jahren begann ich, mich mit dem Thema Christuskraft und Christuslicht sowie den Gralsbotschaften zu beschäftigen. In diesen Zeiten entstanden viele Bilder, die diesem Thema gewidmet waren: »Jesus Christus«, »Gralsengel«, »Heiliger Gral«, »Heilungskreuz« oder »Engelbegleiter«. Später folgte das Bild »Heilige Kommunion«, das mein erstes tiefes Erlebnis in diesem Zusammenhang darstellen sollte. Einige Jahre danach arbeitete ich verstärkt mit den Meistern und den Göttinnen, unter anderem mit der Göttin Tara in ihren verschiedenen Aspekten. In dieser Zeit entstanden auch »Pallas Athene«, »Kwan Yin«, »Ananda Moyi Ma« und verschiedene Marienbilder. Immer wieder malte ich Engel, die zu mir kamen, so den »Engel der Fülle«, den »Liebesengel« und verschiedene Heilungsengel. In den letzten Jahren entstanden auch vom Hinduismus geprägte Bilder, wie das der Gottheit Dhanvantari, dem Schutzpatron der Heiler und des Ayurveda.

Meine Madonnenbilder sind inspiriert von den Darstellungen in der orthodoxen Kirche, die mir halfen, Maria als Mutter noch tiefer zu verinnerlichen. Das hat sich während einer Reise nach Jerusalem noch weiter verstärkt, als ich unter anderem den Geburtsort von Jesus Christus besuchte – die heutige Geburtskirche – und mich mit dieser wunderbaren Energie dort verbinden durfte. An Orten wie diesen habe ich wunderschöne neue Madonnenbilder gesehen, die mich wiederum inspiriert haben.

So hat jedes Bild seine eigene Geschichte, die mit meinem Leben und meiner Tätigkeit als Künstlerin verknüpft ist. Über meine persönlichen Erfahrungen weit hinaus hat jedes Kärtchen eine tiefere Botschaft, die kollektiv gültig ist und in jedem von uns etwas anspricht. Jede Darstellung hat ein eigenes Schwingungsfeld, und die Symbole und die spezifische Farbenwelt unterstützen die inneren Botschaften der Bilder.

Ich wurde durch diese Wesenheiten, die durch mich dargestellt werden wollen, inspiriert. Gleichzeitig bereichern sie mein Leben und helfen mir, immer demütiger zu werden. Sie unterstützen mich, bewusst zu bleiben und zu wissen, dass es der unpersönliche Teil in mir ist, die mich führt – meine Seele. Nur so können meine Bilder auch anderen Menschen Botschaften bringen. Sie sind »Fenster zum Göttlichen«.

DIE SCHUTZKÄRTCHEN

Als ich in den 1990er-Jahren meine ersten Engel gemalt hatte, entstand der Wunsch, diese Bilder auch einem größeren Publikum zugänglich zu machen. So gründete ich einen Verlag, der bis zum heutigen Tag europaweit Reproduktionen anbietet.

Die Schutzkarten entwarf ich schließlich mit dem Wunsch, mit den Bildern auch direkt und im Alltag umgehen zu können. Mit den Jahren wurden sie sehr beliebt, und immer mehr Menschen begannen, mit diesen Energien zu arbeiten. Durch das Betrachten eines Bildes oder durch die Meditation mit den einzelnen Wesen darauf entsteht eine innere Verbindung zu ihren Botschaften. Viele Menschen berichten von einem Gefühl des spirituellen Erwachens, von einer geistigen Öffnung, von Harmonie oder auch von einer Unterstützung ihrer Heilprozesse. Was das auslöst, das sind allerdings nicht die Bilder selbst, sondern die Seelenkraft dessen, der sie nutzt. Sie wird durch die visuelle Verbindung zum Bild wachgerufen. Es ist immer das Göttliche in uns, das uns zu heilen vermag!

Nach langjährigen Erfahrungen kann ich feststellen, dass meine Bilder »eigenständige« Helfer sind, die in verschiedenen Sprachen zu den Menschen sprechen. Daher kann es möglich sein, dass das gleiche Bild ganz unterschiedlich wahrgenommen wird und auf verschiedene Menschen ganz unterschiedlich wirkt. Da wir alle uralte Symbole und Bildersprachen tief verborgen in uns tragen, ist es uns möglich, die Darstellungen mithilfe der Intuition zu verstehen. Dazu können wir durch Meditation mit den Engeln, Meistern oder Gottheiten in Verbindung treten. Die Bilder fördern so nicht zuletzt auch die Schulung der inneren Wahrnehmung.

DIE AUFTEILUNG

Zu jedem Bild bietet Ihnen dieses Buch eine Beschreibung, die die Aspekte und Symbole der jeweiligen Darstellungen erläutert. Sie soll Ihnen eine Hilfe sein, sich für ein Bild zu öffnen. So können Sie die Botschaften eines bestimmten himmlischen Wesens oder Helfers leichter empfangen.

Die Karten sind acht Hauptthemen zugeordnet. Diese acht Aspekte helfen Ihnen, Ihre aktuellen Themen oder Fragen noch tiefer zu untersuchen. Die Darstellungen sind zudem den kosmischen Farbstrahlen zugeordnet und wirken daher auf deren hoher Schwingungsebene. Wenn Sie mit einem der Bilder arbeiten, können Sie seine Wirkung dadurch verstärken, dass Sie mit der zugeordneten Farbe meditieren. Das ist in den Beschreibungen oftmals auch genauer erläutert.

Farben haben eine starke Wirkung auf unser Bewusstsein und unseren Körper. Die folgenden Worte über die Farbstrahlen und die dazugehörigen Aspekte sollen Ihnen eine erste Vorstellung von den Schwingungsebenen des Gemalten geben. In der geistigen Welt gibt es ein viel größeres Farbspektrum, als wir es auf der materiellen Ebene wahrnehmen können. Aber wenn wir mit Hingabe meditieren und uns in uns und um uns herum diese kosmischen Farben vorstellen, wirken sie sehr heilsam.

1. **Liebe:** pink/rosa
2. **Heilung:** grün
3. **Schutz:** blau, ultramarinblau
4. **Göttliche Mutter:** hellblau, türkis
5. **Transformation:** violett, purpur
6. **Spiritualität:** gold, irisierende Farben
7. **Fülle:** rot, orange, gold
8. **Weisheit:** goldgelb, gold

1. Hauptaspekt: Liebe

FARBE: pink/rosa

Dieser Lichtstrahl wirkt auf der Ebene der kosmischen Liebe. Liebe hat viele Facetten, aber die in uns wohnende unpersönliche Liebe zu Gott oder das Göttliche in uns hat die höchste Schwingungsebene. »Liebe deinen Nächsten wie dich selbst«, sagt Jesus Christus. Diese Aussage bringt uns wohl am ehesten nahe, wie wir die Liebe verstehen sollen: Das Göttliche sollten wir in uns genauso lieben und ehren wie in den anderen.

Liebe ist auch der Schlüssel zu allen anderen höheren Eigenschaften, weil wir durch sie in unserem Leben vieles leichter in etwas Gutes umwandeln können. Wenn wir lernen, immer öfter alles »mit dem Herzen« zu sehen, gewinnen wir mehr Leichtigkeit, aber auch Stabilität für unseren Alltag. Wenn wir lieben, stärken wir unseren Glauben und gewinnen mehr Verständnis. All das hilft uns, frei zu werden.

Die Farbe des Herz-Chakras ist ein starker Rosaton und symbolisiert Zuneigung und Hingabe auf der Herzebene, die nicht auf Sinnlichkeit beruht. Rosa ist eine warme Farbe und hat ein weites Spektrum, es reicht von erdbeerfarben bis hin zu den hellen Rosétönen. In der Farbtherapie weiß man um die beruhigende Wirkung des Rosa. Es erhält uns jung und ist gut für die Haut.

2. Hauptaspekt: Heilung

FARBE: grün in allen Facetten

Der grüne Lichtstrahl steht für Heilung, Harmonie, Frieden und die Wahrheit. Es ist auch die Farbe des Herzens und des Ausgleichs. Heilung geschieht nicht nur auf der körperlichen, sondern auch auf der geistig-seelischen Ebene. Die Farbe grün, in all ihren Facetten von gelbgrün bis smaragdgrün, unterstützt den Prozess der Heilung, gibt Kraft und gleicht aus. Es ist die Farbe der Natur, der Vegetation, des erwachenden Frühlings. Wenn wir uns schwach und erschöpft fühlen – ein Blick ins Grüne beruhigt die Nerven und vermittelt ein Gefühl der Ruhe und Erholung. In der Farb- und Lichttherapie ist die Farbe grün eine der wichtigsten, sie zeigt eine intensive Wirkung auf der körperlichen und auf der seelischen Ebene. Über das Resonanzprinzip werden die Zellen beeinflusst und finden leichter wieder zu einem Zustand der inneren Ordnung.

In der Lichtmeditation sowie in verschiedenen Meditationen mit den Heilungsengeln nutzt man das Smaragdgrün als hoch schwingende Farbe. Sie ist dem Erzengel Raphael sowie den Meistern der Heilung zugeordnet.

3. Hauptaspekt: Schutz

FARBE: blau, ultramarinblau

Der Lichtstrahl Blau ist im Allgemeinen der Ruhe, dem Frieden, der Entspannung und der Ausgewogenheit zugeordnet. Im kosmischen Prinzip sind es der göttliche Wille und die Macht, die diese Farbe repräsentieren. Sie öffnet den Geist für Meditation, Intuition und für Informationen aus der geistigen Welt.

Das Blau des Himmels vermittelt uns ein wohltuendes Gefühl von innerer Freiheit und grenzenloser Weite. Es ist auch die Farbe der Ergebenheit an Gott und der Treue. Blau ist die Farbe für das göttliche Prinzip der Kraft und der geistigen Führung. Seine erhabene Schwingung verbindet Herz und Verstand und bringt beide ins Gleichgewicht. Bei Meditationen, in denen man sich in Blau einhüllt, fühlt man sich beschützt und vor negativen Schwingungen behütet. Dies ist auch ein Prinzip von Erzengel Michael. Er symbolisiert die Macht, die der göttlichen Ordnung zugrunde liegt: »Dein Wille, nicht mein Wille geschehe.«

In der Lichttherapie ist das Blau dem Hals-Chakra und der Kommunikation zugeordnet. Es wirkt besänftigend bei Unruhe und Angstzuständen, und es stärkt die Lebenskraft. Eine höher schwingende Form des Blau ist Indigo. Es steht für spirituelle Kräfte, Ausgeglichenheit und Friedfertigkeit.

4. Hauptaspekt: Göttliche Mutter

FARBE: hellblau, türkis

Zum Aspekt Göttliche Mutter gehört der Lichtstrahl von hellblau bis türkis. Diese Farben stehen für die Elemente Wasser und Luft. Das Blau des Wassers und des Himmels hat eine beruhigende Wirkung und führt zu innerer Harmonie und Ausgewogenheit. Es ist auch die Farbe der Hingabe, des Glaubens und der Gottergebenheit. Sie löst ein Gefühl von Geborgenheit und Beschütztsein in uns aus. Es gibt auch einen Farbton, den wir direkt »Marienblau«

nennen. In der klassischen Malerei wird Maria überwiegend in einem blauen Mantel dargestellt, als Symbol für ihre irdische Inkarnation und für die Erde.

Türkis hat eine tief beruhigende Ausstrahlung. Es steht für Kreativität und Selbstheilung, unterstützt den Prozess des »zu sich selbst Findens« und stärkt das Selbstbewusstsein. Räume in diesen Farben haben eine stark entspannende und wohltuende Wirkung. In der Lichttherapie hilft dieser Farbstrahl bei Entzündungen und stärkt das Immunsystem.

5. Hauptaspekt: Transformation

FARBE: violett, purpur

Der violette Farbenstrahl gehört zum Meister Saint Germain und steht für Transformation und Umwandlung. Er hilft insbesondere bei Prozessen des Neuanfangs und unterstützt die geistig-seelische Entwicklung. Violett gilt als spirituelle Farbe und symbolisiert damit auch die neue Zeit. Violettblau bis zu einem Purpurrot hat eine stark reinigende Wirkung, nicht nur auf der seelischen Ebene. Es steht für ein selbstloses und mitfühlendes Wesen.

Violett gibt geistige Kraft, verstärkt die Energie der Meditation und kann in höhere Bewusstseinszustände führen. In der Therapie hilft die violette Farbe mit ihrer beruhigenden und entspannenden Wirkung bei geistig-seelischen Erschöpfungszuständen. Auf der irdischen Ebene werden der Edelstein Amethyst sowie die Heilpflanze Lavendel diesem Heilungsstrahl zugeordnet.

6. Hauptaspekt: Spiritualität

FARBE: gold, irisierende Farben

Der goldene und gelbe Strahl gilt als Symbol der Erleuchtung und Erlösung. Es sind auch die Farben der Zufriedenheit, der Kreativität, der Intelligenz auf einer höheren Ebene. Sie stehen auch für das Wissen und spirituelle Weisheit sowie für Fähigkeiten und Begabungen. Diese Farben sind warm wie das Sonnenlicht und wirken vorteilhaft auf das Gedächtnis.

Zudem steht Gold für Großzügigkeit und Edelmut. In der Meditation hilft uns der goldene Strahl, uns vor allem Negativen zu schützen, er stärkt unsere Verbindung zu Gott.

Das Irisierende – letztlich alle Farben in einem hellen, leuchtenden Ton – hat eine ähnliche Wirkung auf der geistigen Ebene wie gold oder gelb. Es ist die Farbe des Scheitel-Chakras. Dort befindet sich das höchste Schwingungsfeld des menschlichen Körpers. Die Farbe steht in Verbindung mit der geistigen Welt und unserem Höheren Selbst.

7. Hauptaspekt: Fülle

FARBE: rot, orange, gold

Rot hat viele verschiedenen Facetten, von orangerot bis hin zu rosarot und purpur. Es steht für Vitalität, Lebenslust und Lebenskraft, wirkt stimulierend, hat eine positive Leuchtkraft und spendet viel Wärme.

Rot drückt Willenskraft, Aktivität und Mut aus. Rotorange bis Orange stehen für Inspiration, Freude und Spaß. Sie helfen dabei, die Emotionen in geordnete Bahnen zu bringen. Das leuchtende Orange hat den Charakter des Sich-Verströmen-Wollens, so wie die glühenden Flammen des Feuers.

Das Rosarot symbolisiert die Kraft der Shakti, der kreativen, weiblichen Seite Gottes. Es ist auch die Farbe des Erschaffens. In der Meditation sollten Sie sich rot immer zusammen mit einem Goldton vorstellen.

8. Hauptaspekt: Weisheit

FARBE: goldgelb, gold

Die Aspekte des goldenen Strahls haben wir bereits beim 6. Strahl erläutert. Die göttliche Weisheit und das Wissen, das wir tief in uns tragen, haben ihren Ursprung in unserem Höheren Selbst. Durch die himmlischen Wesenheiten und Engel wird diese Verbindung immer wieder hergestellt und vertieft. Auch durch Gebete und die Technik der Imagination mit Goldgelb und Goldtönen können wir unsere Wahrnehmung stärken. Das Wissen, das uns darüber erreicht, ist nichts Erlerntes, sondern etwas, das wir bereits in uns tragen.

Goldgelb als Farbe der göttlichen Weisheit ist auch ein Teil der dreifaltigen Flamme, die die drei Prinzipien Gottes in sich trägt. Dazu gehören auch Blau für den göttlichen Willen und Rosarot für die Liebe Gottes. Diese esoterische Darstellung hat ihren Ursprung in der Lehre der Weißen Bruderschaft. Auf der materiellen Ebene ist Gelb eine der drei Grundfarben, aus denen alle anderen Farben hergestellt werden können. Sie steht auch für das Glück.

DIE MOTIVE IM ÜBERBLICK

1. **Liebe**: Ananda Moyi Ma, Erzengel Chamuel, Göttliche Liebe, Liebesengel, Mirabai, Tara, Tor zum Licht
2. **Heilung:** Dhanvantari, Engel der Heilung, Erzengel Raphael, Erzengel Raphael (Morgenröte), Frühlingsgöttin, Heilungsengel, Heilungskreuz, Madonna der Heilung
3. **Schutz:** Engel des Sieges, Erzengel Gabriel, Erzengel Gabriel (Morgenröte), Erzengel Michael, Schutzengel, Tauben
4. **Göttliche Mutter:** Blaue Madonna, Isis, Maria, Maria (Morgenröte), Maria in Blau
5. **Transformation:** Engel der Umwandlung, Erzengel Uriel, Erzengel Zadkiel
6. **Spiritualität:** Aquarian, Babaji, Engelbegleiter, Gralsengel, Heiliger Gral, Heilige Kommunion, Jesus Christus
7. **Fülle:** Engel der Fülle, Grüne Tara, Himmlische Gabe, Kwan Yin, Musizierender Engel
8. **Weisheit:** Erzengel Jophiel, Erzengel Metatron, Goldene Madonna, Hüter des kosmischen Gesetzes, Pallas Athene, Seraphim

DIE ANWENDUNG DER KARTEN

Mit den Schutzkärtchen können Sie auf ganz unterschiedliche Weise umgehen. Vor allem sind sie für die Meditation und das Beten geeignet. Wie ihr Name schon sagt, bieten sie Ihnen insbesondere Schutz. Dazu können Sie sie auch auf den Körper auflegen oder unter das Kopfkissen geben. Sie können sie auslegen, auf den Altar stellen oder einfach bei sich tragen. Ich selbst benutze sie auch für das Aufladen von Wasser und Lebensmitteln, indem ich sie unter das Wasserglas oder den Teller stelle. Die Beschreibungen einzelner Karten geben Ihnen ebenso weitere Anregungen wie die folgenden Seiten. Die Bilder, die meditativ und durch göttliche Führung gemalt worden sind, wirken auf einem eigenen Schwingungsfeld, das durch Ihre Hingabe beim Betrachten wieder neu belebt werden kann. Lassen Sie sich daher zusätzlich von Ihrer Intuition führen.

Die innere Haltung

Die Erzengel, Engel, Meister und Gottheiten sind mächtige Helfer. Sie stehen uns gern zur Verfügung, wenn wir uns mit offenem Herz an sie wenden. Sie können uns helfen, die eigene Lebensaufgabe besser zu verstehen, in schwierigen Situationen den richtigen Weg zu erkennen und uns spirituell weiterzuentwickeln. Die Antworten auf unsere drängenden Fragen sind in uns, in unserer Seele bereits angelegt. Sie werden durch den Kontakt mit einem höheren Wesen wachgerufen – beispielsweise über eines der Schutzkärtchen.

Wenn Sie ein Problem haben, eine Frage stellen möchten, in Ihrem Leben vor einem Neuanfang stehen oder allgemein geistige Führung suchen, sollten Sie sich Zeit nehmen und sich innerlich auf Ihr Thema einstimmen. Die geistige Welt hilft und unterstützt uns auf allen Ebenen unseres Bewusstseins und in den verschiedenen Lebensbereichen. Wir sollten diese Hilfe annehmen, indem wir unsere Aufmerksamkeit auf das Göttliche in uns richten. Durch ein Gebet zu den Helfern kommen wir uns selbst näher und können dadurch mehr Stabilität und Sicherheit in uns erfahren. Aus der Kraft der Liebe erwächst das Einverständnis mit uns selbst und mit der Welt. Je besser wir uns kennen, umso klarer können wir Entscheidungen treffen. Wir können in unserem Leben die Probleme nur lösen, wenn wir bereit sind, uns zu verändern. Durch unsere Transformation wandelt sich aber auch unser Umfeld, und so können wir sogar anderen helfen, den Weg der Liebe, des Verständnisses und des Friedens zu gehen.

Um mit den Karten zu arbeiten, sollten Sie sich Zeit nehmen und sich an einen ruhigen Ort zurückziehen. Eine stille und friedliche Atmosphäre ist für die Begegnung mit der geistigen Welt und mit sich selbst einfach nötig. Jeder Mensch hat eine Verbindung zu Gott. In welcher Form wir uns Ihn auch vorstellen, ein Gebet ist immer hilfreich, um eine tiefere Verbindung, auch zu unserem Höheren Selbst, herzustellen. Aus der inneren Stille heraus haben wir einen offenen Zugang zu den Antworten. Vielleicht bekommen wir ein sicheres Gefühl, vielleicht neue Ideen, die wir anschließend umsetzen können. Vielleicht erhalten wir erst später eine Inspiration oder eine Botschaft zu unserem Thema. Die Schutzkärtchen helfen uns in jedem Fall bei der Suche nach den für uns gerade wesentlichen Antworten.

Das Orakeln mit den Schutzkärtchen

Sie können natürlich zu jeder Zeit einfach mit der Karte arbeiten, die Sie gerade anzieht. Mit dem gesamten Set oder einem Teil davon lässt sich hervorragend orakeln. Legen Sie die Karten in vier Reihen mit der Bildseite nach unten vor sich aus. Wenn Sie nur ein paar Karten haben, legen Sie sie einfach in eine Reihe nebeneinander.

Schließen Sie Ihre Augen und atmen Sie einige Minuten lang ruhig ein und aus. Lösen Sie sich von allen Spannungen, während Sie ausatmen, und lassen Sie alle Gedanken ziehen. Versuchen Sie nicht, sie aufzuhalten, lassen Sie sie vorüberziehen. Wenn Sie zur Ruhe gekommen sind, gehen Sie zu Ihrem spirituellen Herzen in der Mitte Ihres Brustkorbs. Lassen Sie noch eine Zeit lang die Gedanken fließen und kehren Sie immer wieder zu Ihrem Herzen zurück. Es braucht eine Weile, bis die Gedanken sich beruhigt haben.

Jetzt konzentrieren Sie sich auf Ihr Problem und fühlen sich in Ihr Thema hinein. Lassen Sie sich Zeit, lassen Sie alles geschehen, damit eine klare Frage in Ihnen entstehen kann. Achten Sie auch auf das Gefühl, das dabei aufkommt. Die Frage kann mental oder auch emotional gestellt werden. Ich empfehle, sie in einem positiven, kurzen und klaren Satz zu formulieren.

Dann heben Sie Ihre Hand und fahren über die Bilder. Tun Sie es so lange, bis Sie das Gefühl haben, eine starke Schwingung für eine bestimmte Karte zu bekommen. Diese nehmen Sie.

Jetzt können Sie Ihre Augen öffnen und sich das Bild zuerst einfach anschauen. Lassen Sie sich Zeit, um die Botschaft zu empfangen bzw. sie zu fühlen. Wenn Sie dann das Bedürfnis haben, lesen Sie die Beschreibung über die von Ihnen gewählte Darstellung im Buch nach.

Fühlen Sie tiefer hinein, wieweit die Beschreibung zur Antwort auf Ihre Frage führt. Sie ist nur ein Wegweiser, der Sie unterstützen will. Lassen Sie Ihre Intuition sprechen. Wenn Sie mehr Klarheit brauchen, ziehen Sie eine weitere Karte.

Meditieren Sie mit dem Bild und nehmen Sie die Karte für eine Zeit zu sich oder stellen Sie sie an einem Ort auf, an dem Sie sie gut sehen können. Bedanken Sie sich bei der geistigen Welt für die Hilfe und seien Sie weiterhin aufmerksam für Hinweise oder auch Träume, die zum fraglichen Thema in Ihrem Leben erscheinen. Oft erreichen uns Botschaften durch Bücher, Filme oder durch andere Menschen. Wenn wir offen bleiben, erkennen wir die Wahrheit. Es kann auch sein, dass die Arbeit mit der Karte nach einigen Tagen eine neue Erkenntnis zu dem Thema aus Ihrem Inneren hervorbringt.

Es empfiehlt sich auch, mit dem Engel oder der Gottheit auf Ihrer Karte über die Gedanken in Verbindung zu bleiben. Außerdem können Sie mit der Farbenwelt des Bildes arbeiten.

Weitere Anregungen zum Gebrauch der Karten

- Ziehen Sie morgens eine Karte für den Tag.
- Ziehen Sie eine Karte für die nächste Zeit.
- Ziehen Sie eine Karte für Ihre spirituelle Entwicklung.
- Ziehen Sie eine Karte für Ihre spirituelle Führung, mit deren Energie Sie gegenwärtig arbeiten möchten.
- Schreiben Sie Ihre Frage auf, ziehen Sie eine Karte und legen Sie sie dann auf das Papier mit der Frage. Lassen Sie die Energie auf diese Weise einige Tage wirken.
- Fragen Sie, wie Sie jemand anderem helfen können: Welche Art von Energie möchten Sie ihm zuschicken, welchen Engel oder welchen Meister?

Legesysteme

Wenn Sie sich nicht darauf beschränken möchten, jeweils nur eine einzelne Karte auszuwählen, benötigen Sie ein Legesystem. Für die Schutzkärtchen empfehle ich, mit drei Karten zu orakeln. Ich möchte Ihnen drei verschiedene Variationen vorstellen.

1. Bei dieser Methode geht es um eine Situation oder um die persönliche Weiterentwicklung auf der seelischen oder der materiellen Ebene. Sie ziehen drei Karten und legen sie nebeneinander. Die erste steht für die Vergangenheit, die zweite für die Gegenwart, die dritte für die Zukunft.
2. Wenn Sie eine Frage zu einer Beziehung haben, legen Sie ebenso drei Karten aus. Die erste steht für das Ich, die zweite für den Partner/die Partnerin, die dritte für das Umfeld.
3. Wenn Sie etwas planen, können Sie mit den drei Karten folgende Fragen stellen: Erstens: Was spricht dafür? Zweitens: Was spricht dagegen? Drittens: Was passiert, wenn ich es tue?
   Vertiefen Sie sich dann in die Botschaften der gezogenen Karten.

Nutzen Sie die Karten auf eine spielerische und ganz individuelle Art, werden Sie kreativ damit. Kinder haben übrigens einen besonderen Zugang zu den Schutzkärtchen. Sie erkennen oft Botschaften, die nicht unbedingt sichtbar sind, oder berichten über Details im Bild, die Erwachsenen gar nicht sichtbar wurden.

DIE EINZELNEN KARTEN

ANANDA MOYI MA

STICHWORTE:
Göttliche Mutter, Schutz, Geborgenheit, Inspiration

HAUPTASPEKT: Liebe

FARBE: pink/rosa

Ihr Name – auch Anandamayi Ma – geschrieben bedeutet wörtlich »die Mutter, die von Glückseligkeit durchdrungen ist«. Ananda Moyi Ma lebte bis 1982 in Indien, sie war eine der wenigen voll erwachten Meisterinnen unserer Zeit, sie hatte den Zustand der Göttlichen Glückseligkeit, das vollkommene Einssein mit Gott erlangt. Allein durch ihre Gegenwart, durch ihre Liebe, ihre Weisheit und nicht zuletzt durch ihre unbändige Freude hat sie Tausende von Menschen inspiriert. Sie kannte keine Hindernisse und zeigte, dass wir jenseits der Dualität die höchste Form der Liebe in uns selbst finden können.

Obwohl sie die Göttliche Liebe repräsentierte, war sie nicht nur liebevoll, sondern auch streng und kompromisslos. »Wenn wir alles, was zu uns kommt, akzeptieren, werden wir uns immer wohlfühlen«, sagte sie.

Wenn Sie diese Karte erreicht hat: Beten Sie zu Ananda Moyi Ma, bitten Sie sie um Hilfe. Sie werden ihre Präsenz spüren. Dieses wunderbare Rosarot ist ihre Energie, sie ist die höchste Form von Shakti, die Energie der Göttlichen Mutter. Damit steht sie für Lebenskraft, Energie und Kreativität. Indem Sie sich im Gebet an sie wenden, werden diese Aspekte in Ihrem Leben gereinigt und belebt.

AQUARIAN

STICHWORTE:
Kraft des ICH BIN, Erkenntnis, Klarheit

HAUPTASPEKT: Spiritualität

FARBE: gold, irisierende Farben

Dieses Bild entstand während einer Meditation, in der mir dieser Engel bzw. diese Engelgruppe gezeigt wurde. Das Weiß und das Blau stehen für Weisheit, Hingabe und Konzentration – die wichtigsten Aspekte dieser Wesenheiten. Der zentrale Engel schwebt über der Erde und ist durch einen Lichtkanal mit der geistigen Welt verbunden. Vor seinem Herzen hält er eine Schale voller Rosen – Symbol für die Verbindung unseres Höheren Selbst zu unserem Herzen. Aquarian zeigt uns damit die Kraft des ICH BIN, die unserem Wahren Selbst innewohnt. Wenn wir uns mit dieser Kraft verbinden, wird sich unser Leben ändern: Unser Handeln wird selbstlos, wir setzen unsere Ideen um und sind ganz eins mit dem, was wir tun. Wir werden kreativ und handeln inspiriert.

Aquarian steht auch dafür, Dinge mit Leichtigkeit umzusetzen und zu erschaffen. Diese Engelkraft ist gut für die Meditation geeignet, wenn es Ihnen darum geht, in bestimmten Angelegenheiten aktiv und schöpferisch wirksam zu werden. Nehmen Sie die Karte dazu in Ihre Hand und schauen Sie sie an. Dann stellen Sie sich vor, dass Sie genauso wie Aquarian in diesem blauen und weißen Lichtkanal stehen. Verbinden Sie sich mit Ihrem Höheren Selbst und lassen Sie das Licht durch sich hindurchfließen. Es trägt alle Informationen in sich, die Sie brauchen, um Ihre Träume wahr werden zu lassen.

BABAJI

STICHWORTE:
Meister des Kriya-Yoga, Selbsterfahrung, Meditation

HAUPTASPEKT: Spiritualität

FARBE: gold, irisierende Farben

Babaji ist ein Meister, der schon sehr lange Zeit zurückgezogen im Himalaja lebt. Sein physischer Körper ist nur für einige seiner Schüler sichtbar. Er ist auch der Lehrer von Sri Yukteshwar und Paramahansa Yogananda gewesen. Babaji unterrichtet eine neue Form des Kriya-Yoga. Seine Lehre steht über allen Religionen: Er lehrt die universelle Liebe der Selbstverwirklichung.

Die Karte zeigt ihn in einer meditativen Haltung. Seine Aura ist von Lichtflammen erfüllt, und er hält eine Lichtkugel in seinen Händen. Dieses Bild hilft Ihnen, zu meditieren und nach innen zu gehen. Nehmen Sie das Kärtchen in die Hand und schauen Sie es so lange an, bis Sie Babaji verinnerlicht haben. Schließen Sie dann die Augen und stellen Sie sich ihn so vor, wie er auf dem Bild dargestellt ist: mit einer goldenen und weißen Aura. Nehmen Sie in Ihrem Herzen die rosafarbene – das spirituelle Herz – und die Lichtkugel wahr. Lassen Sie sich Zeit und entspannen Sie sich dabei tief.

Bitten Sie Babaji um Hilfe für diese Übung, er unterstützt Sie in Ihrer spirituellen Entwicklung. Vergegenwärtigen Sie sich seine Worte: »Mein Angebot der spirituellen Unterstützung ist ewiglich wachsam, so wie auch die großartigen Berge des Himalaja zu allen Zeiten als spirituelle Wächter für die Menschheit standen. Ich frage ernsthaft: Seid ihr bereit?«

BLAUE MADONNA

STICHWORTE: Mutterliebe, Schutz

HAUPTASPEKT: Göttliche Mutter

FARBE: blau, türkis

In der klassischen Malerei wird Maria mit dem Jesuskind auf verschiedene Arten dargestellt. Immer jedoch folgten die Künstler dabei klaren Regeln. In den neuen Schulen der Malerei wurden diese Festlegungen nach und nach aufgelöst. Dieses Bild der »Blauen Madonna« zeigt Maria mit einem blauen Umhang. Er steht seit Jahrhunderten allgemein für Schutz und auch für die Erde. Das Kind hält eine Papierrolle und zeigt mit der rechten Hand ein Mudra – eine symbolische Handhaltung –, mit der es die Menschen segnet.

Mit dieser Karte laden Sie Schutz und Geborgenheit in Ihr Leben ein. Beten Sie zu Maria, bitten Sie sie, ihren schützenden Mantel um Sie zu legen, bitten Sie um ihr Verständnis für Ihre Anliegen.

DHANVANTARI

STICHWORTE:
Hindu-Gottheit, Schutzpatron der Heiler, Ayurveda

HAUPTASPEKT: Heilung

FARBE: grün

In der hinduistischen Mythologie ist Dhanvantari der Arzt der Götter und der Ursprung aller Heilkunst. In den Veden wird er mit Kräutern und allgemein der Medizin assoziiert. Anwender der alten indischen Medizin, des Ayurveda, betrachten ihn als ihren Schutzgott.

In der Darstellung auf dem Schutzkärtchen hält er ein Gefäß in seiner Hand, das mit Amrit, dem Nektar der Unsterblichkeit, gefüllt ist. Dieses Bild hat eine starke Heilungsenergie, es ist mit dem Wirken der Naturheilkunde und der ganzheitlichen Medizin verbunden und unterstützt uns bei Selbstheilungsprozessen.

Wenn Sie diese Karte ziehen, könnte es sein, dass Sie achtsamer mit sich umgehen sollten. Vielleicht ist jetzt die Gelegenheit, eine Kur zu machen oder einfach eine Auszeit zu nehmen.

ENGEL DER FÜLLE

STICHWORTE:

Fülle, Schönheit, Annehmen, Vertrauen, Öffnung

HAUPTASPEKT: Fülle

FARBE: rot, gold, rosa

Der Engel der Fülle steht für Schönheit, Freude und Reichtum. Die Fülle, um die es hier geht, ist in unserem Bewusstsein. Sie lebt als ein wichtiger Aspekt des Göttlichen in uns. Nur wenn wir uns selbst als einen Teil der spirituellen Welt annehmen, können wir unseren inneren und äußeren Reichtum leben. Alles, was uns im Außen als Schönheit begegnet, kommt von Gott. Malerei, Poesie, Architektur – alle schöpferischen Leistungen beginnen mit einer Idee, und diese hat ihren Ursprung im Geistigen. Und auch Geld ist ein Ausdruck des Göttlichen in der Materie.

Der Engel der Fülle hilft uns, Spiritualität und Reichtum in Einklang zu bringen und beide Qualitäten zu leben. Er erinnert uns an unsere von Gott gegebenen Fähigkeiten und daran, wie wir sie nutzen und lernen können, das Leben nicht mehr aus dem Blickwinkel des Mangels anzusehen.

Wenn Sie diese Karte angezogen hat, sollten Sie prüfen, inwieweit Reichtum oder Spiritualität in Ihrem Leben fehlen. Tragen Sie die Karte bei sich oder stellen Sie sie an einen Platz, wo Sie sie oft sehen. Bitten Sie diesen Engel um Hilfe und öffnen Sie sich für den inneren und äußeren Reichtum Ihres Lebens. Sie können auch Ihre Wünsche klar formuliert aufschreiben und diese Engelkarte darauflegen. Vielleicht sind aber auch konkrete Schritte im Außen nötig: eine bessere Arbeit finden, etwas Neues wagen? Hören Sie auf Ihre inneren Impulse.

ENGEL DER HEILUNG

STICHWORTE: Heilung auf allen Ebenen, Hingabe

HAUPTASPEKT: Heilung

FARBE: grün

Engel der Heilung gehört zu Erzengel Raphael. Auf der Abbildung sind mehrere Engel dabei, einem Wesen Heilung zukommen zu lassen. Die verschiedenen Grüntöne unterstützen einen solchen Prozess. Das Violett hingegen steht für die Heilung auf der seelisch-geistigen Ebene.

Wesenheiten, die zum Wohle der Menschheit arbeiten und uns auf diese Weise dienen, sind für uns großartige Vorbilder. Durch Gebete, Meditation und allgemein durch Hingabe können wir sie erreichen und um Heilung bitten. Wir dürfen danach niemals vergessen, uns für ihre Dienste zu bedanken.

Wenn Sie diese Karte ziehen, sollten Sie mit dieser Engelgruppe meditieren. Vielleicht brauchen Sie Erholung, weil Sie sehr erschöpft sind. Die grüne Farbe und diese Engel helfen Ihnen dann, wieder ins Gleichgewicht zu kommen. Die Karte steht nämlich auch für die Entspannung und ein Auftanken.

Wenn in Ihrer Familie oder im Bekanntenkreis jemand krank ist oder Hilfe braucht, können Sie seinen Namen auf ein Stück Papier schreiben und es auf diese Karte legen. Bitten Sie dann die Engel der Heilung um Hilfe und bedanken Sie sich bei ihnen.

ENGEL DER UMWANDLUNG

STICHWORTE:
Vergebung, Umwandlung, Frieden, Neuanfang

HAUPTASPEKT: Transformation

FARBE: violett

Dieser Engel schwebt uns aus den himmlischen Sphären entgegen. In seiner rechten Hand hält er einen Zauberstab, der die Kraft der Transformation symbolisiert. Auch die blau-violette Farbe steht für die Umwandlungsenergie. Es ist ein wichtiger Aspekt unseres Lebens, negative Eigenschaften wie Zorn, Neid oder Hass durch göttliche Gnade und Liebe umzuwandeln. Entscheidend dabei ist die Vergebung. Uns und anderen vollständig zu vergeben, führt zu Freiheit und einem tiefen inneren Frieden.

Auf dem spirituellen Weg ist es ratsam, öfter nach innen zu gehen und sich zu prüfen: Wo habe ich nicht vergeben, wo grolle ich noch anderen oder mir selbst? Meditieren Sie mit dem Engel der Umwandlung über diese Frage und bitten Sie ihn um Hilfe, wenn Sie aus reinem Herzen vergeben möchten. Entspannen Sie sich und lassen Sie das wunderschöne hellviolette Licht der Karte vom Scheitel nach unten durch Sie hindurchfließen. Stellen Sie sich die Person oder Situation vor, die Vergebung brauchen. Bleiben Sie mit dem Engel verbunden – und nehmen Sie wahr, was sich in Ihnen wandelt. Sie können auf diese Weise auch direkt ein Gefühl wie Neid in sich transformieren.

Bedanken Sie sich am Ende bei dem anderen oder der Situation und lassen Sie sie los. Genießen Sie das Gefühl von innerem Frieden, das sich einstellt. Vielleicht verstehen Sie tiefer, dass wir alle auf der Suche nach Liebe sind.

ENGEL DES SIEGES

STICHWORTE:
Mut, innerer Friede, Überwindung, Kraft

HAUPTASPEKT: Schutz

FARBE: blau, smaragdgrün, gold

Der Engel des Sieges hält eine Fackel – das Licht des Geistes – in der rechten Hand. In der linken trägt er ein Palmblatt, das Sieg und Frieden symbolisiert. Die vielen Farben in der Darstellung deuten auf die Vielfalt seiner Aspekte hin. Sieg bedeutet hier auch, über den eigenen Schwächen zu stehen, Probleme zu lösen und immer im Vertrauen zu bleiben. So hilft dieser Engel uns Tag für Tag, unsere Grenzen zu erweitern und den Fluss des Lebens zu akzeptieren. Er steht für die Kraft im seelisch-geistigen Sinne.

Als ein Engel des Lichts und des Feuers unterstützt er generell positive Initiativen. An ihn kann man sich wenden, wenn neue geschäftliche Unternehmungen oder private Ideen segensreich ins Leben gehoben und auf einen erfolgreichen Weg gebracht werden sollen. Der Engel des Sieges ist sehr kraftvoll. Er steht uns immer zur Seite, wenn wir ihn für die Klärung und den optimalen Ausgang einer Situation anrufen.

Sie können den Engel des Sieges auch bitten, Sie zu begleiten, wenn Sie etwas Neues beginnen. Stellen Sie sich vor, wie er an Ihrer Seite geht (oder schwebt). Vielleicht hören Sie auch, was er zu Ihnen sagt. Wenn Sie diesen Engel bitten, anderen Menschen zur Seite zu stehen, sollten Sie prüfen, ob Ihre Motivation dazu im Einklang mit dem göttlichen Plan und dem freien Willen des anderen steht.

ENGELBEGLEITER

STICHWORTE:
Meditation, innere Wahrnehmung, Konzentration

HAUPTASPEKT: Spiritualität

FARBE: gold, irisierende Farben

Diese Darstellung gehört zum Zyklus der Gralsbilder. Der Gral, unten im Bild, hat verschiedene Bedeutungen, vor allem steht er für das Christuslicht. Außerdem ist er ein Symbol für das spirituelle Herz. Jeder Mensch ist durch dieses Herz in der Mitte des Brustkorbs mit dem Göttlichen verbunden. Es ist sowohl auf der physischen als auch auf der feinstofflichen Ebene existent. Wenn wir meditieren, verbinden wir uns mit ihm.

Die zwei Engel im Bild sind Wächter der Gralsenergie. Der Heilige Geist – hier in Form einer Taube dargestellt – ist die Kraft, die das Licht Gottes in sich trägt. Er ist auch der Urton, die Silbe OM, aus der alles entstanden ist.

Dieses Bild wirkt auf der geistigen Ebene und ist sehr gut für die Meditation geeignet. Entspannen Sie sich dazu tief, indem Sie Ihren Atem immer mehr beruhigen. Konzentrieren Sie sich auf das Ein- und Ausströmen der Luft und lassen Sie Ihre Gedanken einfach ziehen. Wenn Sie Ihre innere Ruhe gefunden haben, gehen Sie zu Ihrem spirituellen Herzen. Visualisieren Sie dort einen durchsichtigen Kelch und versuchen Sie, ein helles, blau- und rosafarbenes Licht in ihm wahrzunehmen. Wenn Sie dieses Licht sehen, verbinden Sie sich mit Ihrem Scheitel-Chakra, durch das ein helles Licht zu Ihrem Herzen strömt. Verweilen Sie eine Zeit in diesem Zustand. Danken Sie abschließend der geistigen Welt für diese Erfahrung.

ERZENGEL CHAMUEL

STICHWORTE:
Liebe, Schönheit, Freude, Beziehungen

HAUPTASPEKT: Liebe

FARBE: pink/rosa, rosarot

Chamuel ist der Erzengel des Mitgefühls, der Schönheit und Freude. Er steht für die bedingungslose Liebe, die alles überstrahlt und den Weg zu Gott frei macht. In seiner Hand hält er einen Kelch als Quelle, aus der wir Liebe schöpfen können, um sie weiterzugeben. Je stärker wir uns dieser Kraft öffnen, und je mehr wir von ihr empfangen, umso harmonischer leben wir mit uns und unserer Umwelt. Wir erleben dann ein tiefes Vertrauen in die Schöpfung.

Erzengel Chamuel begleitet uns auch in unseren Beziehungen. Er hilft uns, negative emotionale Muster loszulassen. Mit seiner Unterstützung können wir das Leben von einer höheren Warte aus betrachten und lernen, uns immer wieder über die Dualität des Irdischen zu erheben. Dafür sind Selbstliebe und Vergebung nötig. Mit diesen Qualitäten entwickeln wir mehr Toleranz uns und anderen gegenüber.

Setzen Sie sich möglichst morgens und abends an einen ruhigen Ort und betrachten Sie die Karte. Schließen Sie dann Ihre Augen. Atmen Sie ruhig und gehen Sie in Ihr Herz-Chakra in der Mitte des Brustkorbs. Stellen Sie sich dort eine rosarote Lichtkugel vor und lassen Sie sie mit jedem Atemzug größer werden, bis sie Ihren gesamten Körper umhüllt. Verweilen Sie für etwa zehn Minuten in dieser Lichtkugel. Fokussieren Sie sich dabei auf Ihr Herz. Danken Sie am Ende jeweils Erzengel Chamuel für die Liebe, die Sie erleben durften.

ERZENGEL GABRIEL

STICHWORTE: Verkündigung, Botschaft, Geborgenheit, Reinheit, Erneuerung

HAUPTASPEKT: Schutz

FARBE: ultramarinblau, weiß

Erzengel Gabriel ist ein Botschafter des Himmels und der Engel der Verkündigung. Sein Strahl steht für die Energie der Erneuerung. Er bringt Reinheit in unser Leben, im Inneren ebenso wie im Außen. Seine Elemente sind das Wasser und die Weltmeere. Er ist auch mit dem Wachsen und Werden der Natur verbunden.

Gabriel ist der sanfteste unter den Erzengeln. Seine Energie wirkt heilend auf unsere Gefühle. Er steht mit Mutter Maria in Verbindung und symbolisiert die Reinheit und die selbstlose Liebe der Muttergottes – die weiße Lilie repräsentiert diese Eigenschaften. So steht auch er für Mütterlichkeit und hilft bei der Geburt eines Kindes. Die geschlossenen Flügel vermitteln Geborgenheit.

Wenn Sie diese Karte ziehen, stehen Sie vor einem Neuanfang, oder Sie benötigen Hilfe und Schutz. Erzengel Gabriel bringt neue Ordnung in Ihr Leben. Nutzen Sie das und schauen Sie sich das Bild so lange an, bis Sie das Gefühl haben, dass Sie in Verbindung mit ihm stehen. Bitten Sie ihn um Hilfe für Ihr Anliegen. Stellen Sie sich vor, er steht hinter Ihnen und umarmt Sie mit seinen großen Flügeln. Lassen Sie die blaue Farbe durch Ihren Körper fließen. Lassen Sie sich fallen und fühlen Sie das Vertrauen in Ihrem Inneren. Nach einiger Zeit können Sie dann einen weißen Lichtstrahl durch Ihren Körper fließen lassen. Entspannen Sie sich und hören Sie auf die Botschaften aus Ihrem Inneren.

ERZENGEL GABRIEL

(Morgenröte)

STICHWORTE:
Verkündigung, Neuanfang, innere Reinheit

HAUPTASPEKT: Schutz

FARBE: ultramarinblau

Dieses Bild von Erzengel Gabriel ist ein Teil des Triptychons »Morgenröte«, zu dem auch Mutter Maria und Erzengel Raphael gehören. Das Gesamtbild zeigt die drei Gestalten, die für die Neue Erde stehen. Die Neue Zeit wird durch Maria als Symbol für die weibliche, göttliche Energie angekündigt. Erzengel Gabriel steht für ihre Verkündung auf der Erde. In seiner Hand hält er eine Lilie, die Blume der Verkündigung und der Reinheit. Sie steht für Hoffnung, Lebensfreude, eine göttliche Botschaft und für Neugeburt.

Wenn diese Karte zu Ihnen kommt, hilft Ihnen Erzengel Gabriel, Ihre wahren Wünsche zu verwirklichen und sich neue Perspektiven zu eröffnen. Er hilft, alte Strukturen loszulassen und Veränderungen, einen Neuanfang zuzulassen. Meditieren Sie mit Erzengel Gabriel. Stellen Sie diese Karte eine Zeit lang auf einen Platz, wo Sie sie im Alltag gut sehen und sich mit ihrer Energie verbinden können. Vielleicht wollen Sie sie auch bei sich tragen.

ERZENGEL JOPHIEL

STICHWORTE:
Selbstfindung, Bewusstwerdung, goldener Strahl, Weisheit

HAUPTASPEKT: Weisheit

FARBE: goldgelb

Erzengel Jophiel verbindet die höheren Welten mit der materiellen Welt. Er schafft eine Brücke zwischen den verschiedenen Ebenen und durchflutet sie mit dem Licht der Weisheit. Er vermittelt Wissen, sodass die Zusammenhänge auf der irdischen Ebene leichter verstanden werden. Außerdem bringt er Visionen und hilft uns, sie im Einklang mit dem Göttlichen umzusetzen. Auch Klarheit und die Fähigkeit, zu lernen und Probleme mit Leichtigkeit zu lösen, erhalten wir von ihm. Erzengel Jophiel verbindet uns mit unserem Höheren Selbst, mit unserem inneren Wissen und lehrt uns, es in unserem Leben besser zu integrieren. Damit bringt er Licht in die dunklen Stunden des Zweifels und schenkt uns Mut und Zuversicht.

Meditieren Sie mit diesem goldgelben Licht. Stellen Sie sich vor, Sie stehen in einem Lichtkanal und hinter Ihnen ist Erzengel Jophiel, der Sie mit seinen Flügeln beschützend umhüllt. Lassen Sie Ihre innere Weisheit und Ihre innere Stimme sprechen und vertrauen Sie auf das, was Sie vernehmen. Sie können Jophiel auch eine Frage stellen und dann still werden, um auf die Antwort zu lauschen.

ERZENGEL METATRON

STICHWORTE: innere Weisheit, die Entschlossenheit, Kanal zu sein, innere Erfüllung

HAUPTASPEKT: Weisheit

FARBE: goldgelb

Erzengel Metatron ist einer der höchsten Engel, der nahe dem Thron Gottes wirkt. Er wird auch König der Engel oder Lord des Lichts genannt. So vermittelt er zwischen dem menschlichen und dem göttlichen Reich – im Bild ist das durch die zwei Säulen symbolisiert. Metatron hilft uns, die innere Weisheit in unser Leben zu integrieren. Das Schwert ist hierbei das Symbol für die Entschlossenheit, zwischen Richtig und Falsch zu unterscheiden. Die goldenen Dreiecke zeugen von tiefer innerer Erkenntnis. Sie sind wie Pyramiden ein Teil der heiligen Geometrie, die im gesamten Universum, in der Natur und auch im menschlichen Körper strukturgebend wirkt. Auf dem Bild zeigt sich Erzengel Metatron mit prächtigen Flügeln, die hinauf bis zur goldenen Sonne, zu unserem Höheren Selbst, reichen. Das Licht der Weisheit hält er als Kugel in der rechten Hand.

Erzengel Metatron wirkt auf vielen Ebenen im Kosmos und in unserem Bewusstsein. Sein Energiefeld ist vielseitig und sehr individuell. Deshalb empfiehlt es sich, sich in der Meditation von ihm führen zu lassen. Beten Sie zuerst zu diesem mächtigen Erzengel und lassen Sie sich von seinem goldenen Lichtstrahl umhüllen. Bitten Sie um Führung für Ihr Anliegen. Metatron hilft auf der spirituellen Ebene und unterstützt Sie in Ihrer seelischen Entwicklung. Sie können auch eine Frage notieren und auf die Schutzkarte auf Ihren Altar legen. Sie werden eine Antwort erhalten.

ERZENGEL MICHAEL

STICHWORTE:
Schutz, Klarheit und Kraft, Entscheidung, neue Erkenntnisse

HAUPTASPEKT: Schutz

FARBE: ultramarinblau

Erzengel Michael ist ein mächtiger Engelsfürst. Er steht für Macht und Kraft auf vielen Ebenen des Universums und in den unsichtbaren Welten. Michael hilft uns, unsere Schattenseiten zu erkennen, sie anzunehmen und so ins Licht zu führen. Mit ihm an der Seite können wir mutig für die eigene Wahrheit einstehen, richtige Entscheidungen treffen und den eigenen Willen entfalten. Obwohl er als Engel des Krieges gegen das Negative kämpft, um das Licht Gottes zu verbreiten, ist seine Energie pure Liebe und Barmherzigkeit.

Erzengel Michael ist dem blauen Strahl zugeordnet. Manchmal ist sein Merkmal auch die Farbe Rot, die für das Feuer steht, das er als Kämpfender nutzt. Mit ihm verleiht er uns Stärke, neue Erkenntnisse und den Mut, sich den Herausforderungen des Lebens zu stellen.

Die Karte von Erzengel Michael können Sie bei sich tragen oder zu Ihrem Schutz unter Ihr Kissen legen. Wenn wichtige Entscheidungen anstehen oder Sie sich von anderen angegriffen fühlen, bitten Sie ihn um seinen Beistand. Sie könnten ihn auch generell morgens und abends rufen und um Schutz bitten. Eine schöne Übung ist es, wenn Sie ihn sich auf Ihrer rechten Seite vorstellen und zusehen, wie das lodernde rote Feuer seines Schwertes Ihre Aura und Ihren Körper durchflutet. Es ist sehr kraftvoll, in diesem Lichtfeuer zu baden und Michaels Liebe und Kraft zu spüren.

ERZENGEL RAPHAEL

STICHWORTE:
Heilung auf allen Ebenen, Trost, inneres Wachstum

HAUPTASPEKT: Heilung

FARBE: grün

Erzengel Raphael ist der Heiler unter den Erzengeln. Er hilft bei Genesungsprozessen auf der körperlichen, aber auch auf der Seelenebene. Alte Verletzungen werden mit seiner Hilfe heilend umgewandelt. So schafft er Freiraum für unsere wirkliche Natur. Wir werden in unserer Wahrnehmungsfähigkeit gestärkt und können immer besser die Wahrheit erkennen. Raphael spendet Trost bei Sterbeprozessen – für den Sterbenden selbst, aber auch für die Angehörigen. Er hilft Ärzten, Heilern und Naturheilpraktikern. Dabei arbeitet er mit einer Heerschar von Heilungsengeln für die Seelen, die sich in Liebe an ihn wenden.

Sein smaragdgrüner Strahl bringt Sie ins Gleichgewicht, er lässt Sie Ihren Weg und Ihre Vision besser erkennen. Halten Sie das Bild in Ihren Händen und betrachten Sie es. Rufen Sie Erzengel Raphael an. Schließen Sie Ihre Augen und lassen Sie das Grün in all seinen Facetten durch sich fließen. Visualisieren Sie, wie dieser Farbstrahl mit jedem Atemzug stärker wird. Bleiben Sie darin, solange es Ihnen guttut.

Eine andere Möglichkeit zu meditieren ist es, vor Ihrem Dritten Auge eine smaragdgrüne Lichtkugel entstehen zu lassen. Schicken Sie sie zu einer Stelle in Ihrem Körper, wo Sie vielleicht Schmerzen haben. Lassen Sie ihre heilende Energie eine Zeit lang wirken. Sie können so eine Lichtkugel auch jemandem schicken, der Heilung braucht. Beten Sie zuvor zu Erzengel Raphael und bitten Sie ihn um Hilfe.

ERZENGEL RAPHAEL
(Morgenröte)

STICHWORTE:
Neue Erde, ganzheitliche Heilung, Christuslicht

HAUPTASPEKT: Heilung

FARBE: grün

Dieses Bild von Erzengel Raphael ist ein Teil des Triptychons »Morgenröte«, zu dem auch Mutter Maria und Erzengel Gabriel gehören. Im Gesamtbild stehen die drei Gestalten für die Neue Erde. Raphael ist hierbei der große Heilungsengel. In seiner Hand hält er den Gral als Symbol für das Christuslicht: Er trägt das Licht Gottes und übernimmt die Verantwortung für die Heilung der Seelen. Wir alle sind aufgefordert, unsere alten Verletzungen zu transformieren, damit unser Wahres Selbst zum Vorschein kommen kann. Erzengel Raphael hilft uns, die Wunden aus unserer Vergangenheit zu heilen, damit wir frei nach vorn schauen können.

Wenn diese Karte zu Ihnen gekommen ist, können Sie sie auf Ihren Altar stellen oder für eine Zeit bei sich tragen. Sie können mit Erzengel Raphael und dem grünen Strahl meditieren und diesen mächtigen Engel der Heilung um Hilfe bitten.

ERZENGEL URIEL

STICHWORTE:
Klarheit, Struktur, Ausgleich, Tatkraft, Manifestation

HAUPTASPEKT: Transformation

FARBE: purpurrot, rubinrot

Erzengel Uriel ist einer der Mächtigsten unter den himmlischen Heerscharen. Seine Energie ist ausgleichend und stabilisierend. Er verbindet den göttlichen Plan mit den materiellen Strukturen. So bringt er Ordnung und Harmonie in unser Leben: im Körper, in Beziehungen, im Geschäftlichen. Mit ihm können wir das Alte loslassen und gemäß unserer inneren Aufgabe etwas Neues beginnen. Er unterstützt uns, unsere Visionen in ihrem Ursprung zu erkennen und entgegen aller Blockierungen umzusetzen. Dadurch kann mehr Leichtigkeit in unserem Leben entstehen.

Wenn Sie diese Karte gezogen haben, bitten Sie Erzengel Uriel um Gelassenheit für Ihr Anliegen. Er hat eine unglaublich kraftvolle Ausstrahlung, seine Farben sind Rubinrot und Purpur, seine Flügel schillern regenbogenfarben. Stellen Sie sich vor, wie Sie vor ihm stehen und er diese Flügel schützend über Sie ausbreitet.

Fühlen Sie Ihren Körper von innen her. Konzentrieren Sie sich auf Ihre Füße und gehen Sie dann mit Ihrer Aufmerksamkeit aufwärts. Spüren Sie, wie Sie mit purpurrotem Licht erfüllt sind. Stellen Sie sich vor, wie unter Ihren Füßen eine Lotosblüte und über Ihrem Kopf ein goldenes Licht entstehen. Werden Sie zum Kanal für das Göttliche, fühlen Sie die Einheit mit Ihrem Höheren Selbst. Bitten Sie Erzengel Uriel um Klarheit und Inspiration, um Kraft und Ausdauer, damit Sie Ihre Ideen umsetzen können.

Erzengel Zadkiel

STICHWORTE: Transformation, Gnade, Freiheit, innere Meisterschaft, Reinigung

HAUPTASPEKT: Transformation

FARBE: violett

Erzengel Zadkiel ist dem violetten Strahl zugeordnet, seine Energie ist die tiefe Transformation aller negativen Strömungen in uns und der Welt. Erzengel Zadkiel löst Grenzen auf und steht für die Freiheit. Er hilft, das irdische, von Menschen geschaffene Recht mit der göttlichen Gerechtigkeit in Einklang zu bringen. Der violette Strahl ist nicht umsonst einer der wichtigsten Aspekte des neuen Zeitalters. Zadkiel ist der Erzengel des Mitgefühls und der Vergebung, auch unter den Völkern und Religionen. Er ist der Erzengel der göttlichen Gnade.

Wenn diese Karte zu Ihnen kam, steht Ihnen eine neue Lebensphase bevor, zumindest eine größere Veränderung. Sie können Zadkiel um eine Veränderung der alten Strukturen bitten. Er wird Ihnen helfen, den Übergang zum nächsten Lernschritt zu meistern. Durch die Kraft der Transformation werden auch Beziehungen gereinigt und auf eine höhere Stufe gehoben.

Meditieren Sie mit ihm und stellen Sie sich vor, Sie stehen in diesem mächtigen violetten Lichtstrahl, so wie Sie ihn auf der Karte sehen. Lassen Sie durch das göttliche Feuer der Umwandlung alles Alte »verbrennen«. Spüren Sie, wie geborgen Sie sich in diesem Licht fühlen können, und lassen Sie alle Widerstände lösen. Erleben Sie Ihre eigene Vollkommenheit. Sie können sich im Alltag immer wieder in dieses Violett stellen – es gibt Ihnen Schutz und Zufriedenheit.

FRÜHLINGSGÖTTIN

STICHWORTE:
Erwachen, Neuanfang, Natur, Devas

HAUPTASPEKT: Heilung

FARBE: grün

Dieser Engel, diese mythologische Gestalt, ist in Wirklichkeit eine Deva, der die Kräfte der Natur unterstehen. Sie ist dem Heilungsstrahl von Erzengel Raphael zugeordnet. Ihre Energie ist mit der Natur verbunden, mit der Pflanzenwelt und den Heilkräutern. Sie hilft den Menschen, sich durch die Naturkräfte und verschiedene Naturheilverfahren zu heilen. Als Frühlingsgöttin steht sie auch für alle Arten von Neuanfang – ganz so, wie die Natur im Frühling neu erwacht. Ihre Farben sind eine Vielfalt von grünen und gelbgrünen Tönen. Diese bringen uns ins Gleichgewicht und in die Harmonie.

Dieses Bild hat seine Bedeutung auf zwei verschiedenen Ebenen. Vielleicht gibt sie Ihnen einen Hinweis darauf, dass Sie eine Heilbehandlung oder einfach eine Pause brauchen, insbesondere Zeit für sich selbst. Suchen Sie nach einer passenden Kur oder nehmen Sie eine Auszeit und verbringen Sie mehr Zeit in der Natur. Zum anderen kann die Karte auch bedeuten, dass bei Ihnen ein Neuanfang ansteht. Arbeiten Sie mit dem Bild, indem Sie sich in einem leuchtend grünen Lichtstrahl vorstellen. Entspannen Sie sich dabei und lassen Sie die Kräfte dieser Deva wirken.

GOLDENE MADONNA

STICHWORTE:
mütterliche Liebe, inneres Wissen, Kraft

HAUPTASPEKT: Weisheit

FARBE: goldgelb, gold

Diese Goldene Madonna ist in ihrer Darstellung und Farbgebung einem klassischen Ikon sehr ähnlich. Sie zeigt den mütterlichen Aspekt, aber sie ist auch eine Botschafterin des Wissens im göttlichen Sinne. Maria ist nicht nur Mutter, sondern auch weise Frau. Das Jesuskind wird hier als Erwachsener dargestellt, der die Menschen segnet.

Dieses Bild wird dem goldenen Strahl zugeordnet. Mit seiner Hilfe können Sie im Gebet und in der Meditation zu Ihrer eigenen Wahrheit finden. Stellen Sie sich dazu bildlich vor, wie Sie in einem goldenen Lichtstrahl stehen. Lassen Sie sich ganz von ihm durchströmen. Wenn Sie ein Anliegen haben, beten Sie zu Maria oder Jesus, um mehr Klarheit zu empfangen. Vertrauen Sie auf die göttliche Führung.

GÖTTLICHE LIEBE

STICHWORTE: Einheit, bedingungslose Liebe, Dualseelen, Harmonie

HAUPTASPEKT: Liebe

FARBE: pink/rosa, rot

Das Bild zeigt ein Liebespaar, umrahmt von einem mächtigen Engelwesen. Sie schweben über der Erde, die in ein rosafarbenes Licht eingetaucht ist. Diese Darstellung steht für die irdische, aber auch für die Göttliche Liebe, die die höchste Ausdrucksform zwischen Mensch und Gott ist. Wir erfahren in unserem Leben viele Formen der Liebe. Wenn wir aber auf dem spirituellen Weg sind, versuchen wir, sie immer reiner zu leben. Sie wird mit der Zeit immer unpersönlicher. Die Fähigkeit zur höchsten Form der Liebe – der Liebe zu Gott – ist in unserem Selbst verankert.

Dieses Bild steht auch für die Begegnung mit einem wahren Seelenpartner. In der Neuen Zeit finden Menschen zueinander, um in höchster Harmonie und im tiefsten Verständnis miteinander zu leben, ohne Anhaftungen und Abhängigkeiten.

Mit dieser Karte können Sie auf verschiedenen Ebenen arbeiten: wenn Sie sich einen Seelenpartner wünschen, einfach mehr Harmonie in Ihren Beziehungen erleben möchten oder aber eine tiefere Beziehung zu Gott in Ihrem Herzen schaffen wollen. Bitten Sie diesen Engel der Liebe um Unterstützung und stellen Sie sich in Ihrer Vorstellung in diese Farbstimmungen aus pink und rot hinein. Der Engel wird mehr Harmonie in Ihr Leben bringen.

GRALSENGEL

STICHWORTE: Hüter der Gralsenergie, Heilung im Herzen, Kelch der nie endenden Liebe, Kraft des ICH BIN

HAUPTASPEKT: Spiritualität

FARBE: gold, irisierende Farben

Der Gralsengel ist ein Hüter der Gralsenergie. Er trägt diesen Kelch der nie endenden Liebe in seinem Herzen. In ihm liegt die Kraft, sich von innen heraus aufzurichten. Der Gralsengel hilft uns, die Verbindung zu unserem Wahren Selbst zu vertiefen. In uns allen, in unserem spirituellen Herzen, wohnt ein Licht, das Christuslicht. Es ist die Kraft des ICH BIN und zugleich Symbol unserer inneren Stimme.

Die zarte irisierende Farbenwelt dieser Karte wirkt tief meditativ und beruhigend. Das Bild hat auch einen stark heilenden Aspekt, es wirkt vor allem auf der Seelenebene. Sie können es auf einen Altar stellen und damit meditieren. Rufen Sie den Gralsengel auf Ihrem spirituellen Weg um Hilfe an. Visualisieren Sie sich selbst als einen Lichtkanal, hinter dem diese mächtige und zugleich feine Engelsenergie steht. Lassen Sie ein Licht von weißer, blauer und rosafarbener Tönung durch sich fließen: Von Ihrem Herzen ausgehend, überflutet es Ihren Körper und Ihre Aura. Verharren Sie für etwa zwanzig Minuten in diesem Licht. Entspannen Sie sich und lauschen Sie Ihrer inneren Stimme. Lassen Sie sich inspirieren. Vielleicht schenkt Ihnen das Leben selbst bald eine Antwort.

Die Gralsengel-Karte eignet sich besonders gut, um Trinkwasser aufzuladen. Stellen Sie sie einfach unter einen Wasserkrug oder Ihr Trinkglas.

GRÜNE TARA

STICHWORTE:
Begleiterin, Manifestation, Kraft, Stille

HAUPTASPEKT: Fülle

FARBE: rot, gold, smaragdgrün

Die Grüne Tara verkörpert den aktiven Aspekt des Mitgefühls und wird als Nothelferin angerufen. Die Göttin Tara, aus dem tibetanischen, aber auch aus dem indischen Buddhismus bekannt, taucht in fünf verschiedenen Grundfarben auf: weiß, grün, blau, rot und gelb. Ihr Name bedeutet »die Retterin«. Tara steht für die weibliche Manifestation und die Erleuchtung. Sie ist äußerst friedvoll, doch sie erscheint auch zornig und bereit, Böses zu besiegen.

Auf der Karte sehen Sie die Göttin vom Himmel herabsteigen und über die Erde schweben. Sie ist in einer meditativen Haltung, wirkt aber zugleich kraftvoll und bestimmend. Ihre Hände zeigen ein Mudra, das für Konzentration und auch für Geben und Nehmen steht. Die Farbe grün deutet hier auf Heilung. Die spezielle Botschaft dieses Bildes ist die Heilung der inneren Frau. Wir alle haben beide Aspekte in uns, das Männliche und das Weibliche. Diese Grüne Tara symbolisiert die »neue Frau«, die sich ihrer Kraft bewusst ist und ihre Intuition im Leben richtig nutzt.

Bitten Sie Tara um Klarheit und Kraft für Ihr Anliegen. Betrachten Sie eine Zeit lang in Ruhe diese Karte. Schließen Sie die Augen und formen Sie das Mudra: Legen Sie beide Handrücken auf Ihre Knie und bringen Sie Daumen und Zeigefinger zusammen. Wenn Sie Ihren inneren Frieden gefunden haben, hüllen Sie sich in die Farbenwelt dieser Schutzkarte ein. Danken Sie Tara für ihre Hilfe.

HEILIGER GRAL

STICHWORTE: Christusliebe,
Symbol des spirituellen Herzens, Quell des Lebens

HAUPTASPEKT: Spiritualität

FARBE: gold, irisierende Farben

Der Heilige Gral gehört zu den Bildern, die während des meditativen Malens entstanden sind: Das Gesicht und das Lichtkreuz – sie erschienen allmählich auf der Seide vor mir. In der Mitte bildeten sich eine Herzensrose und zwei Engel, die den Gral bewachen und ihn in Liebe anbeten. Der Heilige Gral ist ein Symbol des spirituellen Herzens und der Christusliebe in uns. Jeder Mensch trägt diesen göttlichen Funken in sich, und so sind wir in der Liebe Christi miteinander verbunden. Die Suche nach dem Heiligen Gral ist eigentlich die Suche nach dem Quell des Lebens.

Wenn Sie sich von diesem Bild angesprochen fühlen, könnte in Ihnen die Sehnsucht nach dem Göttlichen oder nach Jesus erwacht sein. Es ist Zeit, ihm näherzukommen. Setzen Sie sich zur Meditation an einen ruhigen Ort. Halten Sie diese Karte in Ihren Händen und schließen Sie die Augen. Gehen Sie zu Ihrem spirituellen Herzen in der Mitte des Brustkorbs. Tauchen Sie in Ihre innere Welt ein. Erspüren Sie das Licht, das in Ihnen aufleuchtet, lassen Sie es immer größer werden. Sie können sich in diesem Licht das Gesicht von Jesus vorstellen.

Bleiben Sie eine Zeit lang in diesem Frieden und der Stille. Fühlen Sie Ihre Verbundenheit mit Gott. Diese Meditation bringt Ruhe und Zentriertheit in Ihr tägliches Leben. Das Bild schenkt Ihnen neue Erkenntnisse über Ihre wahre Natur.

HEILIGE KOMMUNION

STICHWORTE: Inneres Licht, Einheit, Zentriertheit

HAUPTASPEKT: Spiritualität

FARBE: gold, irisierende Farben

Auf dieser Darstellung sehen wir symbolisch die Kommunion: anhand des Grals – er steht für den Menschen –, der Hostie und des Heiligen Geists. Dieses stark wirksame Bild hat seine tiefere Bedeutung in der Vereinigung der göttlichen Energie (Höheres Selbst, Heiliger Geist oder OM) mit unserer Seele, die ihren Platz in unserem Herzen hat. Die Rose symbolisiert die Erde. Es findet somit eine Vereinigung zwischen Himmel und Erde statt.

Wenn Sie diese Karte gezogen haben, empfiehlt es sich, nach innen zu gehen und zu meditieren. Es ist kaum möglich, diese Darstellung über Worte weiter zu deuten. Lassen Sie sich lieber darauf ein, sie individuell zu erleben. Halten Sie in der Meditation die Karte in der Hand und hören Sie auf das, was Ihre innere Stimme Ihnen sagen möchte.

HEILUNGSENGEL

STICHWORTE: Heilung, Lebenskraft, Freude

HAUPTASPEKT: Heilung

FARBE: grün

In dieser Darstellung sehen wir einen musizierenden und tanzenden Engel. Er schwebt uns entgegen. Die Ausstrahlung dieses Bildes ist freudig und kraftvoll. Sie ist dem Heilungsstrahl zugeordnet und wirkt harmonisierend.

Heilung kann auf verschiedenen Ebenen stattfinden. Hier geht es darum, die innere Balance zu finden, sich am eigenen Leben zu erfreuen, sich ihm wieder ganz zuzuwenden. Dabei helfen uns Musik und Bewegung. Der Heilungsengel unterstützt uns darin, unsere Lebenskraft wiederzufinden, unser Leben neu zu ordnen oder etwas Neues anzufangen. Dieses Bild hat auch eine starke ausgleichende Wirkung auf Räume, in denen spirituell gearbeitet oder Musik gemacht wird, oder auf Kinderzimmer.

Wenn diese Karte zu Ihnen kam, bitten Sie den Heilungsengel, Sie eine Zeit lang zu begleiten. Stellen Sie das Bild so auf, dass Sie es häufig anschauen können. Bitten Sie um die Erkenntnis, wie Sie die jetzige Situation besser meistern können. Fragen Sie, wie Sie zu Ihrer inneren Kraft finden können. Vertrauen Sie auf Ihre innere Stimme und lassen Sie sich von der geistigen Welt führen. Der Heilungsengel zeigt Ihnen auch die Notwendigkeit, sich mehr zu entspannen, vielleicht öfters Musik zu hören oder mit der eigenen Stimme zu arbeiten. Diese Karte ist gut dafür geeignet, sie auf den Körper aufzulegen oder einfach eine Zeit lang bei sich zu tragen.

HEILUNGSKREUZ

STICHWORTE: Symbol für universelle Heilungs- und Transformationsenergie der sieben kosmischen Strahlen

HAUPTASPEKT: Heilung

FARBE: grün

Auf diesem Bild sehen Sie einen Kelch, aus dem sieben Farbstrahlen entspringen. In der Mitte steht ein Kreuz mit dem Äskulapstab als Symbol der Heilung. Der Kelch kann hier als unser Körper verstanden werden und die Strahlen als die sieben Heilungsstrahlen und die Farben für die Chakren. Gleichzeitig strömen aus dem oberen Bereich, dem Kosmos, Licht und Kraft herab. Diese Energie ist heilend und Leben spendend. Sie fließt durch unsere Wirbelsäule und bringt uns zum Erblühen. Die Bewegungen von unten und von oben vereinigen sich – eine universelle Darstellung der Heilung, das Kreuz der Erlösung und des Lebens.

Dieses Bild hat eine sehr starke Heilungsenergie auf der kosmischen sowie auf der körperlichen Ebene. Beide sind miteinander verknüpft und wirken aufeinander ein. Wie oben so unten, wie innen so außen.

Nutzen Sie diese Karte für Heilung auf der körperlichen Ebene. Sie können sie auf Ihren Körper auflegen oder bei sich tragen. Wenn Sie für jemanden, der krank ist oder Probleme hat, beten, können Sie ein Bild dieser Person auf das Kärtchen legen. Genauso verfahren Sie, wenn ein Ort oder etwas anderes Heilung bedarf: Legen Sie einfach eine Abbildung davon auf die Karte. Sie können das Heilungskreuz auch in Ihre Arbeit mit den Chakren oder den sieben Strahlen einbeziehen. Und auch einem Raum für Heilarbeit tut die Karte gut.

HIMMLISCHE GABE

STICHWORTE:
Gnade, Geschenk, Annehmen, Kosmos

HAUPTASPEKT: Fülle

FARBE: blau, gold

Gebende Hände leiten aus einem Lichtkanal heraus Edelsteine zur Erde. Ein Lichtkreuz darüber steht für die Verbindung des Göttlichen mit der menschlichen Ebene. So sind die Edelsteine ein Geschenk des Universums an die Erde, an die Menschheit. In den Steinen schwingt die Information kosmischer Vollkommenheit und Liebe, und die Lebewesen, die sie »betreuen«, sind die Hüter dieser Steine, Devas.

Das Bild bedeutet auch Gnade und Annehmen. Geben und Nehmen sollten in unserem Leben immer im Gleichgewicht sein. Es ist wichtig, mit Freude geben zu können, ohne eine Gegenleistung zu erwarten. Zum anderen gilt es, Erhaltenes wertzuschätzen. Nutzen Sie die Geschenke, die Sie von Gott erhalten haben. Dazu gehören auch innere Werte, beispielsweise Mitgefühl, Großzügigkeit und Wissen, aber auch verschiedene Begabungen. Nur wenn wir unsere Fähigkeiten nutzen, können wir unseren Plan und unsere Aufgabe auf dieser Erde erfüllen. Überlegen und erfühlen Sie daher in Anbetracht dieser Karte, welche Ihrer positiven Eigenschaften Sie noch nicht genügend leben: Wo könnten Sie Ihr Potenzial noch erweitern? Nicht nur bei Ihrer täglichen Arbeit, sondern auch in Ihrem Umfeld, in Ihrer Familie oder in der Beziehung zu Ihren Freunden könnte es da Möglichkeiten geben. Arbeiten Sie auch mit Edelsteinen und bitten Sie deren Hüter, die Devas und Erdwesen, um Hilfe.

HÜTER DES KOSMISCHEN GESETZES

STICHWORTE:
Göttliche Ordnung, Kraft, Leichtigkeit

HAUPTASPEKT: Weisheit

FARBE: goldgelb, gold

Dieses Bild hat eine besonders kraftvolle Ausstrahlung. Die gelben und roten Blüten, die wie ein Feuerball rotieren, stehen für das göttliche Licht. Das Pentagramm ist in Form einer Blüte nach dem goldenen Schnitt gezeichnet. In der Kunst und der Architektur wird dieser goldene Schnitt als die ideale Proportion bezeichnet und als Inbegriff von Ästhetik und Harmonie angesehen. Das Pentagramm wird in dieser Darstellung auch Lebensblume genannt, es ist seiner Form nach der Ursprung des Universums: das Symbol der heiligen Geometrie.

Beim Malen »erschien« mir das Gesicht dieses mächtigen Engels, der als Hüter der kosmischen Ordnung gilt. Er vermittelt seine Botschaft in aller Deutlichkeit und hilft, Ordnung und Struktur in unser Leben zu bringen. Sie können mit diesem Wesen intensiv meditieren und es dabei auch um Unterstützung für bereits bestehende Projekte oder die Umsetzung neuer Ideen bitten.

ISIS

STICHWORTE:
Große Göttin, Hohepriesterin, Mutter

HAUPTASPEKT: Göttliche Mutter

FARBE: blau, türkis

Isis, die altägyptische Göttin, war die Gattin des Osiris und Mutter des Horus. Die esoterische Bedeutung ihres Wirkens liegt teilweise im Verborgenen. Sie wird von einigen Geheimschulen als Hohepriesterin beschrieben und auch »Priesterin mit zehntausend Namen« genannt. Diese Bezeichnung weist darauf hin, dass sie für die Göttliche Mutter bzw. für die göttliche, weibliche Energie steht.

Isis, so heißt es, bildete in einer Mysterienschule eine Vielzahl von Frauen in der Heilkunst und der Medialität aus. Sie selbst war Heilerin, und ihr kleiner Tempel in Philae wurde zu einem Wallfahrtsort für viele Kranke und Behinderte.

Dieses Bild hat eine starke Wirkung auf unsere göttliche, weibliche Energie. Isis ist eine wahre Priesterin, ein Vorbild, das uns lehrt, mit spirituellen Kräften sinnvoll umzugehen und sie besser zu nutzen. Sie können mit dieser Karte meditieren. Lassen Sie sich von dem Wissen und der Weisheit tragen, die im Verborgenen liegen. Wenn dieses Bild in Ihr Leben kam, weist das auch darauf hin, dass Sie sich mehr Ihrer eigenen Spiritualität zuwenden und sich weiterbilden sollten.

JESUS CHRISTUS

STICHWORTE: bedingungslose Liebe, Auferstehung, Vertrauen, Schutz durch Liebe

HAUPTASPEKT: Spiritualität

FARBE: gold, irisierende Farben

Jesus Christus kommt uns hier als ein Meister entgegen. Er steht im Licht, er ist der Auferstandene, der uns in seiner Liebe entgegenblickt. Damit verkörpert er das tiefe Vertrauen in die göttliche Kraft in uns. Wenn wir meditieren, erleben wir innere Stille und ein Gefühl von Frieden. So treten wir in das Reich Gottes ein, und unser Bewusstsein wird vom Christuslicht erhellt. Jesus hat uns die Liebe vorgelebt und uns gezeigt, was tiefes Verständnis für alle Lebewesen bedeutet. Die Liebe zu Gott ist die Liebe zu allem Sein. Jesus war ein sanfter und barmherziger Meister, der aber auch Strenge besaß. Seine Botschaft war die Liebe, die alles heilt und uns unser wahres Sein erkennen lässt.

Dieses Bild steht für einen Neuanfang. Die Karte weist den Weg nach innen. Wir sollten immer wieder neu unsere Lebenssituation überdenken: Sind wir mit uns und anderen achtsam genug? Leben wir noch die Balance zwischen innerer und äußerer Welt?

Begegnen Sie Ihrer Christuskraft, indem Sie über Jesus meditieren. Stellen Sie sich vor, dass in Ihrem spirituellen Herzen ein weißgoldener Lichtschein entsteht. Lassen Sie ihn über Ihren Körper hinaus in alle Richtungen wachsen. Verweilen Sie in diesem Licht, so lange es Ihnen angenehm ist. Stellen Sie sich Jesus vor, begegnen Sie ihm so, wie es sich gut für Sie anfühlt. Entwickeln Sie immer mehr Bewusstheit über Ihre eigene Wahrheit.

KWAN YIN

STICHWORTE:
Mitgefühl, Auflösen von Ängsten, Mütterlichkeit, Hingabe

HAUPTASPEKT: Fülle

FARBE: rot, gold, rosa

Kwan Yin ist die Göttin der Barmherzigkeit, des Mitgefühls und der Gnade, wie sie in der chinesischen Mythologie verehrt wird. Ihre Energie ist sanft und doch sehr kraftvoll. Sie gibt mehr, als sie nimmt, und schenkt mehr Güte, Gnade und Heilung, als erbeten wird. Die selbstlose Liebe, die sie verkörpert, lehrt uns, Toleranz und mehr Verständnis für uns selbst, aber auch anderen gegenüber zu entwickeln.

Kwan Yin fordert uns auf, mit voller Hingabe am Leben teilzunehmen, alles mit Liebe und im Fluss zu tun. Wer sich hingeben kann, wird vom Universum getragen. Durch ihre Energie können wir das Schwere gehen lassen und uns dem Leben schenken.

In der Darstellung sehen Sie ihre Gestalt auf einer Lotosblüte sitzen, den Blick nach innen gerichtet. Ihre Hand ruht in gebender Haltung vor ihrem Herzen. Die Blüte hinter ihr ist ihr Symbol. Das Wasser steht für die Gefühle. Insgesamt strahlt das Bild Ruhe und Gelassenheit aus.

Kwan Yin hilft Ihnen, loszulassen und das Geschenk des Lebens anzunehmen. Nehmen Sie die Karte in Ihre Hand und schauen Sie das Bild intensiv an. Schließen Sie dann Ihre Augen und bitten Sie diese wunderbare Göttin um Hilfe. Gehen Sie in die Stille und meditieren Sie mit ihr. Sie erhört unsere Gebete immer.

LIEBESENGEL

STICHWORTE: Partnerschaft, Freundschaft, Freude

HAUPTASPEKT: Liebe

FARBE: pink/rosa

Diese Engeldarstellung gehört zum rosafarbenen Strahl und gleichzeitig zu Erzengel Chamuel, dem Träger der Liebesenergie. Der Liebesengel symbolisiert das Geben und Empfangen in einer Beziehung, aber auch das Finden eines Partners. Es kann auch ein Geschäftspartner oder ein Freund sein. Als dieses Bild fertig war, sah ich Folgendes in der Meditation: In einem großen Raum, in dem viele Menschen saßen, erschien alles in rosafarbenem Licht. Der Liebesengel verteilte Karten. Es gehörten immer zwei Karten zusammen – und so fanden die passenden Seelenpartner zueinander.

Dieser Engel fordert uns auf, stärker in unser Herz zu gehen und die Entscheidungen immer mehr aus ihm heraus zu treffen. Die Energie der Liebe macht uns bewusst, dass wir jeden Augenblick im Leben mit Freude genießen können. Wenn wir im Alltag aus unserem Herzen heraus handeln und anderen mit Achtung begegnen, verstärken wir unsere Liebesfähigkeit und erhöhen damit auch die Schwingung der Erde.

Üben Sie folgende Meditation: Atmen Sie ruhig, entspannen Sie sich und lassen Sie Ihre Gedanken einfach ziehen. Wenn Sie zur Ruhe gekommen sind, gehen Sie zu Ihrem spirituellen Herzen in der Mitte der Brust und stellen sich eine rosarote Kugel vor. Sie wächst mit jedem Atemzug und wird in ihrer Farbe immer intensiver. Ruhen Sie einige Minuten in dem Gefühl, von rosarotem Licht erfüllt zu sein.

MADONNA DER HEILUNG

STICHWORTE:
Mütterliche Liebe, Selbstheilung, Vertrauen

HAUPTASPEKT: Heilung

FARBE: grün

Maria zeigt in dieser Darstellung auf das Jesuskind, das ein grünes Gewand trägt. Symbolisch wird so darauf hingewiesen, dass wir Heilung von der göttlichen Ebene empfangen können. Jesus war zu Lebzeiten der Heiler sehr vieler Menschen. Er hat sie aber darauf aufmerksam gemacht, dass nicht er, sondern der Glaube in ihnen die Kraft ist, die zu heilen vermochte.

Heilung kann nicht nur körperlich, sondern auch auf der seelischen oder emotionalen Ebene stattfinden. Wenn diese Karte zu Ihnen kam, muss sie daher nicht unbedingt etwas mit körperlichen Beschwerden zu tun haben. Beten Sie zu Maria oder Jesus und bitten Sie auf der für Sie momentan zutreffenden Ebene um Heilung und Erlösung von alten Mustern. Visualisieren Sie, dass Sie in einem Lichtstrahl aus grünen und goldenen Farbtönen stehen. Vertiefen Sie sich ganz in diesen Heilungsstrahl von Jesus. Wenn Sie für jemand anderen beten möchten, können Sie seinen Namen aufschreiben und auf die Karte legen, bevor Sie um Hilfe bitten. Bedanken Sie sich in jedem Fall anschließend für die Unterstützung.

MARIA

STICHWORTE: weiblicher, bewahrender Aspekt der Schöpfung, Schutz, reine Liebe, Gebet

HAUPTASPEKT: Göttliche Mutter

FARBE: blau, türkis

Maria, die Muttergottes, steht für die reine, selbstlose Liebe. In den esoterischen Schriften wird sie als eine hohe Eingeweihte beschrieben, die für ihre Aufgabe auf der Erde intensiv vorbereitet worden ist. Ihr Leben und Wirken ist ein Mysterium, das bis in die heutige Zeit andauert. Es gibt viele Erscheinungs- und Kraftorte Marias auf der Welt, und bis heute spricht sie zu vielen Menschenseelen. Auf diesem Bild sehen Sie Maria in ihrem blauen Mantel. Sie versinnbildlicht damit die beschützende Mutter, die ihren Mantel über uns ausbreitet. Die Rosen um sie her symbolisieren die reine Liebe.

Wenn Sie diese Karte gezogen haben oder sich von ihr angesprochen fühlen, sollten Sie sich mehr Zeit für das Beten nehmen. Stellen Sie einen Kontakt zu Mutter Maria her und bitten Sie um Schutz und Verständnis. Sie erhört Ihre Gebete, wenn Sie sich mit reinem Herzen an sie wenden.

Diese Karte kann auch ein Hinweis dafür sein, dass jemand in Ihrer Umgebung oder in Ihrer Familie Unterstützung braucht. Beten Sie immer auch für andere, beten Sie für die Leidenden auf dieser Welt. Maria gilt als Königin der Himmel, aber sie beschützt insbesondere die Erde – alle Wesen dort sind ihre Kinder. Wir sind darum auch aufgefordert, behutsamer mit der Natur umzugehen.

MARIA
(Morgenröte)

STICHWORTE:
Neue Erde, Göttliche Mutter, Kreativität

HAUPTASPEKT: Göttliche Mutter

FARBE: blau, türkis

Dieses Bild ist das Mittelstück des Triptychons »Morgenröte«. Maria ist darin umrahmt von Erzengel Gabriel, dem Verkünder, und von Erzengel Raphael, dem Heiler. Sie steht hier für das Weibliche, die göttliche Energie des neuen Zeitalters, sie zeigt sich in ihrem mütterlichen Aspekt. Durch ihre gebende Liebe, die keine Grenzen kennt, verbindet sie alles miteinander. Sie inspiriert uns zu erkennen, dass wir ein Teil des Göttlichen sind.

Maria verkörpert das Mutterprinzip, nämlich die Liebe und das Geben aus der Fülle. Sie bestärkt uns darin, das Göttliche im Irdischen sichtbar werden zu lassen. Sie hilft uns, über die Dualität hinauszuwachsen. Dabei ist sie nicht nur – wie es in der christlichen Religion so oft dargestellt wird – eine jungfräuliche Gestalt, sondern auch das weibliche Prinzip Gottes. Sie ist die Mutter der Erde und des Kosmos.

Bitten Sie Maria um Hilfe für Ihr Anliegen. Bitten Sie darum, dass Sie erkennen, was sich hinter dem Offensichtlichen einer bestimmten Situation verbirgt. Stellen Sie sich vor, wie Sie von Marias hellblauem Licht umhüllt werden. Genießen Sie es, sich dabei geborgen und geliebt zu fühlen.

MARIA IN BLAU

STICHWORTE:
Schutz der Göttlichen Mutter, Vertrauen, Gnade

HAUPTASPEKT: Göttliche Mutter

FARBE: blau, türkis

Maria ist nicht nur die Mutter von Jesus Christus, sie verkörpert auch das göttliche, weibliche Prinzip. Sie schwebt in dieser Darstellung über der Erde und trägt eine Krone – als »Königin der Himmel« oder »Königin der Erde«, wie sie oft genannt wird. Sie verbindet uns in Liebe mit allem und schenkt uns die Fähigkeit, zu vertrauen.

Das Thema dieses Bildes ist der Schutz auf allen Ebenen. Es dominieren daher die Farben Blau und Hellviolett, auch der blaue Mantel Marias ist ein Symbol für den Schutzaspekt. Wir können Maria immer anrufen, wenn wir Angst haben, in Not sind oder in unserem Leben einfach nicht mehr weiterkommen. Unsere Gebete werden sie immer erreichen.

Wenn diese Karte zu Ihnen kam, wollen Sie vielleicht Ihre Beziehung zu Maria vertiefen. Rufen Sie sie an und bitten Sie sie um Schutz und Gnade. Stellen Sie sich vor, dass Sie von ihrem blauen Mantel umhüllt sind und sich darin geborgen fühlen.

Wenn Sie beispielsweise einen kranken Menschen betreuen, können Sie diese Karte unter sein Kopfkissen legen. Beten Sie zu Mutter Maria und bitten Sie um Hilfe. Auch wenn jemand im Sterben liegt, kann Maria helfen: Sie gewährt dieser Seele Schutz, ebenso wie seiner Familie und anderen Betroffenen.

MIRABAI

STICHWORTE: Hingabe, Liebe, Vertrauen

HAUPTASPEKT: Liebe

FARBE: pink/rosa

Mirabai war eine indische Mystikerin, Sängerin und Dichterin. Sie weigerte sich zu heiraten, weil sie sich als Krishna zugehörig empfand. Ihre Lieder und Gedichte, in denen sie seit ihrer frühen Kindheit ausschließlich diesen Gott verehrte, wurden sehr berühmt. Ihre Verse gehören zum Schatz der Weltliteratur. In der Bhakti-Tradition, die den Weg der Hingabe lehrt, wird sie als eine Heilige verehrt. Die Gefühle, die sie in ihren Gedichten besang, umfassen eine große Spannweite: Sie ist dort glühende Liebende in ekstatischen Glücksgefühlen, aber auch in dem tiefen Schmerz versunken, sich von Gott getrennt zu erleben. Mirabai sang ihre Lobpreisungen an Gott – Bajans genannt – in verschiedenen Tempeln Nordindiens. In ihrem Leben geschahen viele Wunder, die auf Krishnas Schutz zurückgeführt werden.

Die Karte steht für die hingebungsvolle Liebe ohne jede Erwartung. Diese glühende Liebe ist auch die Quelle unseres Lebens. Mit der Energie von Mirabai zu meditieren, bedeutet, diese Kraft der Hingabe in sich zu stärken. Sie können versuchen, im Alltag und bei der Arbeit immer stärker in diesem Bewusstsein zu wirken. Sie erwarten nichts, Sie geben sich hin – und erleben dadurch doch viel Freude, Sie können sich entspannt und losgelöst fühlen.

MUSIZIERENDER ENGEL

STICHWORTE: Tor zum neuen Bewusstsein, Neuanfang, Musik, innere Stimme

HAUPTASPEKT: Fülle

FARBE: rot, gold

Der musizierende Engel schwebt vor einem Tor, das den Eingang zur himmlischen Welt symbolisiert. Seine Harfe (oder Laute) ist ein Instrument, das für die Engelstimmen, für ihre Gesänge steht. Das Universum besteht aus reinem Klang und Harmonie. Wenn wir durch Meditation oder das Chanten des OM nach innen lauschen, verbinden wir uns mit dem Urklang des Ganzen. Eine solche Art von spiritueller Arbeit lässt uns letztlich tiefe Stille erfahren und verleiht auch unserem Körper Harmonie.

Das Bild bedeutet gleichzeitig einen Neuanfang. Das Symbol des Tores steht für neue Wege, die es zu beschreiten gilt. Weg ist dabei mehr im spirituellen Sinne zu verstehen: Es geht darum, neue Bewusstseinsebenen zu betreten.

Zugleich steht diese Karte für Fülle, für den von Gott gegebenen Reichtum, den wir in uns tragen. Wenn Sie sich von dieser Karte angesprochen fühlen, dürfte eine neue Phase in Ihrem Leben bevorstehen. Meditieren Sie mit diesem Engel und bitten Sie ihn um Führung und Begleitung. Üben Sie, nach innen zu hören, und lernen Sie, Ihre innere Stimme immer deutlicher wahrzunehmen. Am Anfang ist sie noch leise, doch mit der Zeit werden Sie sie immer besser hören können.

PALLAS ATHENE

STICHWORTE: Weisheit, Kunst, Musik, Freude

HAUPTASPEKT: Weisheit

FARBE: goldgelb, gold

Pallas Athene ist in der griechischen Mythologie die Göttin der Kunst und der Wissenschaft. Ihre Energie steht für das analytische Denken, ebenso aber für den kreativen Ausdruck in jeder Hinsicht. Mit ihrer Hilfe können wir innere Wahrnehmung und kreative Idee besser zusammenbringen, wir können sie in der Welt gestalten und sichtbar machen. Pallas Athene steht auch für Reichtum, Fülle, Freude und Überfluss. Sie hilft uns, alte, negative Glaubenssätze bezüglich der Fülle bewusst wahrzunehmen und umzuwandeln. Sie unterstützt uns, unsere innere Schönheit zu erkennen, die Schönheit des Einsseins mit dem Leben. Die Freude, die in uns ist, der Reichtum, das innere Licht, all das kann durch sie in uns erblühen und sich entfalten.

Wenn Pallas Athene in Form dieser Karte zu Ihnen kam, sollten Sie prüfen, in welchem Bereich Ihres Lebens Sie noch Mangel erleben oder fühlen. Fragen Sie sich zuerst, welche Ihrer Fähigkeiten Sie noch nicht nutzen: Was würden Sie gern noch tun, welche kreativen Potenziale möchten Sie noch entfalten? Möchten Sie tanzen, musizieren, gestalten oder malen? Meditieren Sie mit Pallas Athene, bitten Sie sie um Hilfe und Unterstützung. Tauchen Sie in das goldene Licht ihrer Weisheit ein.

SCHUTZENGEL

STICHWORTE:
Schutz, Geborgenheit, Begleitung, Vertrauen

HAUPTASPEKT: Schutz

FARBE: ultramarinblau, smaragdgrün

Ein kleines Mädchen wird in dieser Darstellung von zwei mächtigen Engeln begleitet. Dieses Bild weckt in uns die Erinnerung an die Geborgenheit der Kindertage. Schutzengel stehen uns persönlich zur Seite und sind unsere Begleiter auf dieser Erde. Sie unterstützen uns dabei, unseren Lebensplan zu verwirklichen, und geben uns Informationen aus der geistigen Welt weiter. Sie respektieren dabei stets unseren freien Willen und greifen nur dann ein, wenn wir sie darum bitten oder wenn es im kosmischen Plan steht. Natürlich kennen sie unser Wahres Selbst, unsere Seele. Es sind unsere inneren Lehrer – ihnen gehört die leise, weise ratende Stimme in uns. So können sie uns in einer Vision erscheinen, um uns eine wichtige Botschaft zu überbringen oder uns einfach an ihre Gegenwärtigkeit zu erinnern.

Wenn Sie mit Ihrem Schutzengel Kontakt aufnehmen möchten, können Sie ihn jederzeit rufen. Er kann Sie allerdings nur in der Stille und Zurückgezogenheit erreichen. Engel zu erleben und zu verstehen, das geschieht auf der Ebene, die wir Intuition nennen. Wir müssen innerlich bereit sein, die Worte des Schutzengels in unserem Herzen aufzunehmen. Auch durch Bilder, Träume, andere Menschen oder die erwähnte innere Stimme kann er sich bemerkbar machen. Lernen Sie, aufmerksam zu bleiben, und vertrauen Sie auf Ihre Wahrnehmungen.

SERAPHIM

STICHWORTE: Transformation, Glaube, Kraft

HAUPTASPEKT: Weisheit

FARBE: goldgelb, gold

Dieses Schutzkärtchen zeigt Seraphim als einen großen Engel mit sechs Flügeln. Der Überlieferung nach nutzt er zwei Flügel, um sein Gesicht, und zwei weitere, um seine Füße zu bedecken, mit den anderen beiden fliegt er. In dieser Darstellung steht er mit offenen Armen vor uns und lädt uns in das höhere Reich Gottes ein.

Die Seraphim dienen dem göttlichen Plan und stehen nah am Thron Gottes. Sie sind die Engel des Lichts und des Feuers, des göttlichen Feuers, das alles verzehrt. Ihr Symbol ist der goldene Strahl. In der Bibel steht, dass ihre Energie reine Liebe und Freude ist und ihr Gesang ein Loblied für Gottes Schöpfung. Wenn wir uns auf diese Energie einschwingen, werden wir selbst zum Licht und zu dieser alles überströmenden Freude.

Wenn Sie sich von diesem Kärtchen angezogen fühlen, empfiehlt sich folgende Übung: Konzentrieren Sie sich zuerst auf das Bild, während Sie es in Ihrer Hand halten. Schließen Sie dann die Augen und bitten Sie den Seraphim, er möge Sie in sein Licht und seine Liebe einhüllen. Lassen Sie das goldene Licht durch sich hindurchfließen, baden Sie für einige Minuten darin. Diese Übung wirkt entspannend und beruhigend. Danach können Sie sich erfüllt und wie neugeboren fühlen.

TARA

STICHWORTE: Beschützerin, Begleiterin, weiblicher Aspekt des Lebens, Kreativität

HAUPTASPEKT: Liebe

FARBE: pink/rosa, rot, orange

Im tibetanischen und auch indischen Buddhismus wird Tara als eine friedvolle weibliche Manifestation der Weisheit betrachtet. Sie gilt als Retterin der Seelen, ist die Göttin des Mitgefühls und wird auch als »Höchste Mutter« bezeichnet. In dieser Darstellung ist sie in einer meditativen und zugleich tänzerischen Haltung zu sehen. Ihre Mudras symbolisieren das Geben und Nehmen.

Tara verkörpert den weiblichen Aspekt des Lebens. Sie ist die in uns erwachende Frau, die ihre Inspiration und Kraft lebt. Seit vielen Generationen inspiriert sie beide Geschlechter. Als Rote Tara kann sie mit der Göttin Shakti verglichen werden, der Liebeskraft, aber auch der Kraft der Kreativität und des Erschaffens.

Wenn Sie sich von diesem Bild angezogen fühlen, sollten Sie Ihre Kreativität und Ihre Kraft bewusster leben. Tara hilft Ihnen auch, mit mehr Leichtigkeit durchs Leben zu gehen. Durch sie können Sie sowohl im spirituellen Sinn als auch in weltlichen Situationen Befreiung erlangen.

Meditieren Sie mit Tara in dieser Erscheinungsform, wenn Sie sich verändern möchten und vorhaben, Ihr Leben neu zu gestalten. Tara ist wahrhaftig barmherzig und wird Ihre Gebete erhören. Sie kann die kreative Kraft in Ihnen neu beleben. Betrachten Sie das Bild intensiv und rufen Sie Tara an. Tauchen Sie in die Farben ein und meditieren Sie. Chanten Sie: OM TARA TUTTARE TURE SOHA.

TAUBEN

STICHWORTE:
Licht, Reinheit, Erkenntnis, Neuanfang, Einssein

HAUPTASPEKT: Schutz

FARBE: ultramarinblau

Zwei Tauben, die aus dem Himmel herabsteigen, lassen uns an einem »kosmischen Geschehen« teilhaben. Sie fliegen aus den lichtvollen Welten herab und tauchen in einen Ozean ein, der symbolhaft die Erde darstellt: die immer neue Bewegung der Seelen, ihre Wiedergeburten. Engel begleiten und beschützen sie. Zugleich steht die Darstellung für den Lauf unseres Lebens. Es verändert sich fortdauernd. Wir werden in jeder Situation, in jeder Beziehung, in jeder Phase unseres Daseins immer wieder neu geboren.

Das Bild ist auch ein Symbol für den Heiligen Geist, für das Christuslicht, das Licht der Inspiration und des Geistes. Das Blau steht für Schutz, Spiritualität und Meditation.

Wenn diese Karte in Ihr Leben kam, zeigt sie Ihnen, dass Sie die Veränderungen des Lebens voll und ganz akzeptieren sollten. Die Darstellung hilft Ihnen, neue Erkenntnisse zu erlangen und weist Ihnen den Weg für Ihre weiteren Handlungen. Lassen Sie das Bild auf sich wirken und meditieren Sie mit ihm.

Sie können Ihr Anliegen oder neue Ideen auch aufschreiben und die Karte auf das Blatt legen. Seien Sie dann achtsam, Sie werden innerlich Hinweise bekommen. Vielleicht eröffnen sich plötzlich neue Perspektiven, die Sie zuvor gar nicht wahrnehmen konnten. Diese Karte sagt Ihnen auch: Arbeiten Sie mit Ihrer Herzensenergie oder Ihrer Intuition und machen Sie weniger Pläne mit Ihrem Kopf.

TOR ZUM LICHT

STICHWORTE:
spiritueller Weg, spirituelles Herz, Liebe, Heilungsenergie

HAUPTASPEKT: Liebe

FARBE: pink/rosa

Dieses Bild hat verschiedene Ebenen in der Darstellung, aber auch in seiner Bedeutung. Die übers Wasser schreitende Frau symbolisiert unsere Seele. Die weiße Lotosblüte ist unser uraltes Wissen, die Schwäne stehen für das, was wir auf der Erde sind. Das violette Wasser deutet auf einen spirituellen Weg hin, und durch das Tor schreiten wir, wenn wir mit dem Göttlichen eins werden. Das Göttliche wird durch den Heiligen Gral dargestellt, der mit dem Christuslicht gefüllt ist. Dieses Licht – auch Christuskraft genannt – ist in jedem Menschen tief verankert.

Gleichzeitig zeigt das Bild unser spirituelles Herz, das von zwei Engeln oder Torhütern bewacht wird. Der eine Engel steht für die Heilung, der andere für die Liebe. Dieses Bild lebt stark von den beschriebenen Symbolen. Die Darstellung kann ohne viele Worte von jedem leicht verstanden werden.

Wenn diese Karte zu Ihnen kam, sollten Sie sich verstärkt Ihrem spirituellen Weg zuwenden. Oder aber es steht Ihnen in Ihrem Herzen eine noch weitere Öffnung zum Göttlichen bevor. Wenn Sie am Anfang Ihres Weges stehen, bietet Ihnen die Karte eine wertvolle Unterstützung, mit der Sie Ihre spirituellen Praktiken vertiefen können. Dieses Schutzkärtchen steht auch für die Liebe zu sich selbst – zum Höheren Selbst und zu Gott. Sie können mit ihr sehr gut darüber meditieren.

BERICHTE VON ANWENDERN DER SCHUTZKÄRTCHEN

Zum Abschluss möchte ich einige individuelle Erfahrungsberichte zum Leben mit den Schutzkärtchen mit Ihnen teilen – eine kleine Auswahl aus der Fülle an Rückmeldungen, die ich im Laufe vieler Jahre erhalten habe. Zahlreiche Menschen erleben durch die Bilder eine geistige Öffnung, Harmonie, Freude und Unterstützung bei Heilprozessen. Sie fühlen sich beschützt, inspiriert und durch neue Erkenntnisse bereichert.

- Ich erhielt beispielsweise einen Bericht von einer spirituellen Beraterin, die während einer Nahtoderfahrung über das Schutzkärtchen den lichtvollen Erzengel Raphael erlebte. Er holte sie aus diesem Zwischenreich zurück. Die Frau erzählte mir, wie die Energie in Form dieser Engelgestalt förmlich aus dem Bild trat, das über ihrem Bett hing. Nach diesem Erlebnis erholte sie sich sehr schnell und erlebte auf allen Ebenen einen Neuanfang.

- »Sobald ich Ihre Bilder anschaue, spüre ich einen starken Energiestrom, der insbesondere zu meinem Herzen fließt. Ich bin von Freude ergriffen. Ich kann sofort die Gegenwart von Engelwesen wahrnehmen, die warmen Ströme ihrer Gegenwart hüllen mich ein. Gleichzeitig kommen meine eigenen Energien in Fluss. Zu anderen Zeiten bekomme ich Rat und Einsichten, die jede Spannung und jeden Konflikt lösen. Die Bilder sind für mich wunderbare, in Form gekleidete, hoch schwingende Engelenergien. Danke für dieses Geschenk.«

- »Drei Ihrer Bilder hängen in meiner Praxis: Erzengel Michael, Tor zum Licht und der Engel der Heilung. So wie ich es erlebe, findet bereits Heilung statt, wenn die Menschen sie ansehen. Ich habe ein Ritual, bei dem Erzengel Michael alte karmische Verbindungen durchtrennt, wenn das durch Menschenhand nicht möglich ist. Bei einem anderen Ritual begleite ich verirrte Seelen in die Lichtebene. Ihr Bild Tor zum Licht ist haargenau die bildliche Umsetzung dafür. Es ist so, als hätten Sie die Bilder für diese Rituale gemalt. Ich freue mich sehr auf Ihre weiteren Arbeiten.«

- »Von Deinen wunderschönen Bildern und Karten bin ich wirklich begeistert. Es ist Dir die seltene Gabe verliehen, die Energien der Heiligen einzufangen und in leuchtenden Farben auszudrücken. Mit den Engelkarten und Büchern haben wir schon vielen Menschen eine große Freude gemacht. Um bestimmte Qualitäten in sich und seinen Mitmenschen zu aktivieren, kann man sehr erfolgreich mit den Erzengeln zusammenwirken. Dabei sind Deine Bilder sehr hilfreich. Nach meinem letzten Seminar in Lienz hat mich Metatron auf seinen goldenen Strahl des Lichtes erhoben und nach Hause geleitet.«

- Die Wahrnehmung eines anderen Menschen zum Bild des Erzengels Metatron: »Betrachtet man Dein Engelbild Metatron, so öffnet man sich dafür. Die auf der energetischen Ebene im Bild enthaltene Geometrie formt sich in den verschiedenen Auraschichten des Betrachters und fängt an zu schwingen. Diese Formen sind wie Telefonnummern. Wenn sie aktiviert werden, wird man mit ihren höheren Entsprechungen verbunden. Je tiefer man das Bild betrachtet, desto mehr Energie fließt in die nicht aktivierten Ebenen und löst damit alte Muster auf der Seelenebene der jeweiligen Person. Diese Art von Energieaustausch wirkt heilend und reinigend.«

- »Ich hatte eine schwere Krankheit, musste operiert werden und bekam Chemotherapie. In dieser Zeit kam eine Freundin zu Besuch und schenkte mir Deine Karten von einigen Engeln. Ich hängte sie im Krankenzimmer über mein Bett, es war wie ein Altar für mich. Ich übergab ihnen meine Sorgen, sie halfen mir, mich als das anzunehmen, was ich wirklich bin. Dafür möchte ich Dir aus reinstem Herzen danken! Mögen auch alle anderen Menschen, die Deine Bilder kaufen, etwas von dem Heil und Licht, das sie ausstrahlen, in sich aufnehmen.«

- »Ich bin Trauergruppenleiterin und führe auch Lichtmeditationen durch. Bei jedem Lichtfest lege ich Ihre Schutzkarten aus. Die Teilnehmer sind von den Energien dieser Kärtchen jedes Mal angetan. Ich bin voller Freude, dass es Menschen wie Sie gibt, die solche Werke erschaffen. Sie bestätigen meine Erfahrungen, wie unsere Engel mit uns wirken, wie sie uns führen. Danke für dieses Geschenk!«